Garten mit System

Dorothée Waechter

Was kleine Gärten größer macht

Dorothée Waechter

Was kleine Gärten größer macht

Garten mit System

Natur Buch
VERLAG

Umschlagfoto Anthony Verlag / Rihse

Die Deutsche Bibliothek ·
CIP-Einheitsaufnahme

Was kleine Gärten grösser macht/
den Garten optisch vergrössern ;
die richtigen Pflanzen ; Gartenplanung Schritt für Schritt ;
praxisnah für jeden Garten/
Dorothée Waechter.
[Ill.: Manfred Lindner]. ·
Augsburg : Naturbuch-Verl., 1997
    (Garten mit System)
    ISBN 3·89440·235·0

NE: Waechter, Dorothée;
    Lindner Manfred

Naturbuch Verlag
© 1997 Weltbild Verlag GmbH, Augsburg
Alle Rechte vorbehalten

Konzeption Gisela Keil, Eurasburg

Illustration Manfred Lindner, Mainz

Bildredaktion Ulrike Rothhahn, PhotoPress

Layout Parzhuber & Partner, München

Umschlaggestaltung Parzhuber & Partner,
München

DTP Wühr, München
gesetzt in der Adobe Garamond

Reproduktion PHG Lithos, Martinsried

Druck und Bindung Interdruck, Leipzig

Gedruckt auf chlorfrei gebleichtem Papier
Printed in Germany
ISBN 3·89440·235·0

Bildnachweis
*Anthony/Usbeck: S. 81 o. und u.;
W. Funke: S. 83 o.; Bildarchiv Gärtner
Pötschke: S. 85 u.; Geduldig: S. 14 u.l.;
S. 14/15 M, S. 18 o. und M., S. 19 u.,
S. 21 o., S. 30 l., S. 42, S. 46, S. 49 u.,
S. 62 u., S. 75 o.; S. 76, S. 80 l.u.,
S. 82 o.; P. Himmelhuber: S. 37 2.v.o.
und u.; Interfoto/Prenzel: S. 89 o.r.
P. Jarosch: S. 8, S. 14/15 o.M., S. 18 u.,
S. 20, S. 24 o., S. 26 u., S. 32, S. 36 l.
und r., S. 37 o. (groß), S. 38 l. und o.,
S. 40 o., S. 43, S. 47 u., S. 51 3.v.o.,
S. 54 o. und u., S. 57 u., S. 59 u.r.,
S. 61 u., S. 63 o. und u., S. 65 u., S. 66 o.l.,
S. 66/67 M., S. 67 u.r., S. 67 o.r.,
S. 68 o., S. 69 o., S. 84, S. 90 r.o.;
PhotoPress/Kuh: S. 13 u., S. 69 u.;
/Paysan: S. 14 o.l., S. 66 M.l.; /Pfeiffer:
S. 15 o.r.; /Redeleit: S. 15 r.M.; /Rose:
S. 27 r., S. 68 u., S. 89 u.l.; /Heinrich:
S. 30 u., S. 33 u.; /Rauh: S. 33 o.;
/Rutel: S. 52, S. 57 o., S. 58 l.o., S. 59 r.o.,
S. 74 r., S. 77 u., S. 80 o.l., S. 91;
/Rogler: S. 60; /Oberdorfer: S. 67 M.r.;
/Döhrn: S. 75 M.; /Aska: S. 75 u.,
S. 80 r.o.; /o. A.: S. 89 r.u.; W. Redeleit:
S. 10, S. 14 M.l., S. 15 u.r., S. 26 o. und
M., S. 27 l.u., S. 36 M., S. 55, S. 56,
S. 58 r.u., S. 58 r.u., S. 50 l.o., S. 61 o.,
S. 65 u., S. 66 u.l., S. 66/67 M.u.,
S. 78/79 alle, S. 80 r.u.; Silvestris/Kerscher:
S. 13 u., S. 14/15 M.u., S. 59 u.l.,
S. 82 u., S. 85 o.; /Hecker: S. 21 u.;
/Riedmiller: S. 24 M., S. 51 o., S. 71 u.
(groß), S. 74 o., S. 89 o.l., S. 90 r.u.
und l.u.; /Lindenburger: S. 24 u., S. 41 u.;
/Berger: S. 40 l.u.; /De Cuveland:
S. 40 r.u.; /Wallis: S. 51 2.v.o.; /Heine:
S. 51 u.; /Rausch: S. 62 u.; /Redeleit:
S. 70 u.; /Bühler: S. 71 o. (groß);
/Brockhaus: S. 72; /Sunset: S. 77 o.;
/Lange: S. 90 l.o.; R. Sulzberger:
S. 37 o. (klein) und 3.v.o., S. 48 u.,
S. 49 o. (klein) und 2.v.o.; I. Tschakert:
S. 19 o., S. 25 o. und u., S. 28, S. 41 o.,
S. 47 o. (groß), S. 58 l.u., S. 64;
D. Waechter: S. 27 l.o., S. 31, S. 38 r.o.,
S. 39 u. und o., S. 47 o. (klein, 2. v. o.,
3. v. o., 4. v. o. und 5. v. o., S. 48 o., S. 49 o.,
S. 66/67 M.o., S. 71 u. (klein), S. 88

Umschlaginnenklappen (von oben
nach unten): W. Redeleit, Pletschinger,
Redeleit, Pletschinger, Winkler, Inter-
foto/Heinzel, Pletschinger*

Inhalt

Einleitung

Auch wenn der Garten noch so klein ist: Sie können einen Teich anlegen, ein Kräutergärtlein pflegen, Rosen blühen lassen und gleichzeitig auch noch Staudenrabatten und Gemüsebeete unterbringen. Mit Sicherheit wundern Sie sich über diese Behauptung und haben dabei die Größe Ihres Gartens in Quadratmeterzahlen vor Augen. Oder Sie fragen sich, ob 300 Quadratmeter Garten als klein oder groß zu beurteilen sind. Ich rate Ihnen: Verwerfen Sie die Gedanken an solche Zahlenspiele und suchen Sie nach Größe in Form von Harmonie, Vielfalt und Schönheit.

Die wahre Kunst des Gärtnerns besteht doch nicht darin, riesige Flächen mit Pflanzen zu bestellen – das überläßt man besser den Landwirten. Vielmehr ist das Bestreben, daß Bilder, Eindrücke und Erinnerungen bei den Betrachtern entstehen. Und zu dieser Gruppe sollten Sie als Gärtner in Ihrem eigenen grünen Paradies auch zählen. Wenn Sie dagegen nur ackern müssen und vor lauter Gartenarbeit keine Zeit mehr haben, sich Ihr Werk voll Stolz in Ruhe anzusehen, dann ist wohl alle Mühe vergebens. Je kleiner der Garten, desto schneller bewältigen Sie auch die Arbeit. Das allein sollte Sie als Besitzerin oder Besitzer eines kleinen Gartens zunächst einmal glücklich stimmen.

Aber auch über einen anderen Punkt sollten Sie sich an dieser Stelle klar werden: Wenig Fläche muß nicht grundsätzlich mit einem Verzicht auf Ihre persönlichen Wünsche einhergehen. In diesem Buch finden Sie jede Menge Tips und Tricks, wie Sie Ihre Gartenoase so gestalten, daß es für jeden Ihrer Wünsche eine passende Lösung gibt. Natürlich handelt es sich hier nicht um Zauberkünste – aus dem Handtuchgarten können Sie gewiß keinen weitläufigen Park machen. Aber Sie können jede Menge befriedigender Kompromisse finden, um ungewöhnliche Wirkungen zu erzeugen.

Die Grundlage für den Erfolg der kleinen Gartenanlage legen Sie in der Planung, der auch das erste Kapitel gewidmet ist. Bevor Sie jedoch konkrete Pläne schmieden, sollten Sie sich über Ihre persönlichen Wünsche und Vorstellungen klar werden.

Es geht bei der Planung in erster Linie um die Möglichkeiten, die vorhandene Fläche in verschiedene Räume zu gliedern und dann auf engstem Raum unterschiedliche Themen harmonisch zu verbinden.

So schaffen Sie nicht nur unterschiedliche Pflanzflächen, sondern machen den Weg frei für eine Fülle von abwechslungsreichen Gartenbildern, die Ihnen weit mehr als nur das Gefühl von Vielfalt geben.

Für das Gelingen sollten Sie auf die Pflanzenauswahl großen Wert legen. Schließlich dürfen die Bäume nicht bereits nach wenigen Jahren dem Garten über den Kopf wachsen, und auch die Stauden, die Sie auswählen, sollten keinen unbändigen Ausdehnungsdrang haben. Deshalb ist es wichtig, hier sehr sorgfältig aus dem Angebot an speziellen Arten und Sorten zu wählen. Neben diesen Punkten finden Sie im zweiten Kapitel Gestaltungshilfen für die Pflanzenverwendung, damit Sie Ihre Ideen möglichst optimal realisieren können.

Wer einen Garten besitzt, der will in der Regel nicht nur darin gärtnern, sondern auch die frische Luft und gesellige Stunden genießen. Wie Sie sich das Leben im Garten möglichst angenehm gestalten können, erfahren Sie im dritten Kapitel. Viele Ideen bezieht man am besten von vornherein mit in die Planung ein. Daher sollten Sie die Möglichkeit nutzen und schon in der Planungsphase immer wieder die Ratschläge aus diesem Kapitel berücksichtigen.

Im vierten Kapitel geht es um den Nutzgarten »en miniature«. Hierbei gibt es unendlich viele Möglichkeiten, wie Sie Nutz- und Ziergarten miteinander verbinden können. Die Idee von einem Selbstversorgergarten kann zwar selbst für einen Ein-Personen-Haushalt schwierig werden, aber das Gefühl, einmal Erdbeeren aus dem eigenen Garten zu naschen oder wenigstens einmal im Jahr einen Apfelkuchen mit eigenen Früchten zu backen, sorgt für viel Stolz und eine große Erfüllung.

Aus gärtnerischer Sicht müssen Sie sich hier auch intensiv mit Sortenfragen beschäftigen. Besonders für die Topfkultur geeignete Gehölze und Gemüsearten können Sie im kleinen Garten immer noch dazwischen mogeln. Für leidenschaftliche Gärtner gibt es auf den ersten Blick nichts schlimmeres als Platzmangel. Wer dann auch noch von Anfang an auf einen eher kleinen Garten angewiesen ist, dem kann man eine gewisse Enttäuschung nicht verdenken. Doch überlegen Sie mal: Ist ein Mini-Garten nicht auch eine riesige Herausforderung? Neue Kulturmethoden, wie das Hügelbeet, uraltes Gärtnerwissen um die Erziehung von Spalierobst und das intensive Studium der Pflanzen sind nur einige wenige Beispiele, bei denen jeder Hobbygärtner ganz gewiß auf seine Kosten kommt. Beim Tüfteln und Tricksen um platzsparende Ideen und eine optimale Raumausnützung wird es Ihnen aber auf der anderen Seite auch nicht langweilig, denn es gibt immer noch etwas zu verbessern. Lassen Sie sich wirklich nicht von Flächenzahlen beeindrucken, schließlich heißt es doch auch: »Klein, aber oho!«

Je kleiner das grüne Paradies, umso weniger Arbeit und mehr Zeit für Muße hat der Gärtner.

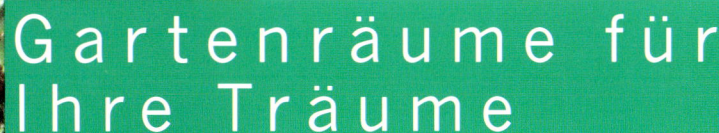

Gartenräume für Ihre Träume

Die Schönheit eines Gartens hat eigentlich nichts mit seiner Größe zu tun. Im Gegenteil – manch ein kleiner Garten wirkt gemütlicher und wohnlicher als ein großer Park. Sicherlich spielen dabei die Pflanzen eine große Rolle.

siehe auch Seiten 28/29

Die Grundlage für eine gelungene Gartengestaltung ist aber die sorgfältige Planung. Sie besteht darin, die Fläche in mehrere Räume mit unterschiedlichen Funktionen zu gliedern und diese geschickt miteinander zu verknüpfen, so daß eine Einheit – nämlich Ihr persönlicher Garten – entsteht. Die Werkstoffe, die hierzu verwendet werden, müssen von der Struktur, sowie von der Farbe zueinander passen und gestalterisch mit der Fassade des Hauses harmonieren. ■

Planen heißt sich über die Wünsche klar werden und Strukturen schaffen

Erste Schritte zu einer individuellen Planung

Wer seinen Garten neu anlegt, der beginnt damit auf dem Papier. Das A und O dabei ist: Sie müssen

Gleichgültig, wie der Garten einmal aussehen soll – sorgfältige Planung zahlt sich aus.

wissen, wie Ihr Garten aussehen soll und wie Sie ihn nutzen wollen. Dafür sollten Sie sich ansehen, welche Möglichkeiten es gibt. Machen Sie sich daher Stichpunkte und notieren Sie sich auch

Gefühle oder positive Erinnerungen, die Sie mit Pflanzen, Formen und Materialien verknüpfen.

So wird's abwechslungsreich: viele Gartenbilder und variierende Perspektiven

Eigentlich sollte die Größe eines Gartens nicht an seiner Ausdehnung gemessen werden, sondern an der Anzahl der Gartenbilder, die man entdecken kann. Die wichtigste Vorraussetzung für den Reichtum an Bildern ist eine Struktur, die nicht auf den ersten Blick die ganze Fläche freigibt. Das heißt, der Garten muß in verschiedene Räume unterteilt werden und dazu müssen Sie quasi Wände schaffen, die den Blick in die Ferne zunächst einmal ver-

decken und auf den unmittelbar nächsten Bereich lenken. So konzentriert man sich auf die Bereiche, die direkt vor einem liegen. Bei der Pflanzenwahl ist es wichtig, daß auch durch den Rhythmus der Jahreszeiten immer neue Gartenbilder gezeigt werden. Im Frühjahr hat das Treiben der Zwiebelblumen am Heckenrand seinen Höhepunkt erreicht und im Juni stehen die Rosen in voller Blüte. Während der Apfelbaum im April sein weißes Blütenkleid trägt, leuchten im Herbst die rotbackigen Äpfel zwischen den goldgelben Blättern. Sie sagen jetzt: Das ist doch immer so. Natürlich. Aber es will durch eine sorgfältige Planung geschickt inszeniert werden. Der Apfelbaum fällt nämlich nicht auf, wenn er im hintersten Eckchen als reiner Nutzbaum gepflanzt wird, son-

Der Handtuch-garten

In Neubausiedlungen ist der schmale, langgestreckte Garten keine Seltenheit. So wirkt er interessant:

- *Die seitlichen Gartengrenzen möglichst niedrig gestalten, sonst entsteht ein einengendes Tunnelgefühl.*

- *Den Garten quer zur Längsrichtung mehrmals unterteilen durch Spalierobst, Lamellenzäune oder Blumensäume. So sieht man nicht gleich das Ende des Garten und ist überrascht, daß es immer noch etwas zu entdecken gibt.*

- *Legen Sie die Wege im Zickzackmuster an. So wechseln Sie immer wieder die Perspektiven und haben nicht nur den Blick durch die Mitte hindurch.*

dern nur, wenn er den Ehrenplatz des Hausbaumes bekommt.

siehe auch Seiten 36/37

Die Wege durch den Garten wollen durchdacht sein, denn Sie geben dem Blick die Richtung vor. Durch Biegungen, spitze Kurven oder Sitzmöglichkeiten am Wegesrand lenken Sie die Augen so, daß ganz neue Perspektiven entstehen.

Dem Garten ein Motto geben

Geben Sie Ihrem Garten ein bestimmtes Thema, wie beispielsweise Bauerngarten, Bachlauf, Senkgarten oder Apothekergarten. Wenn Sie dieses Motto konsequent verfolgen und sich darauf beschränken, gewinnt Ihr Garten einen eigenen Charakter mit Ausstrahlung. ■

Tip Natur Buch

Bei der Planung eines Gartens sollten Sie sich grundsätzlich auf einige Aspekte konzentrieren und diese konsequent fortsetzen. Legen Sie den Schwerpunkt auf runde Flächen, so können Sie auch Buchskugeln pflanzen, einen runden Ausschnitt in einer Sichtschutzwand ausschneiden und Rosenkugeln aufstellen. So bekommt der Garten einen individuellen Charakter.

Ihr Wunsch nach	läßt sich verbinden mit
eigenem Gemüse	einem Zaun oder Raumteiler, an dem Bohnen gezogen werden einem Topfgarten, in dem Salat, Radieschen und Zucchini in Gefäßen stehen
frischen Kräutern	dekorativen Kräutern zwischen Blumen
Rosenstöcken	Kletterrosen Wild- oder Strauchrosen als Heckenbepflanzung
einer Werkzeugaufbewahrung	einer Banktruhe, die gleichzeitig als Sitzgelegenheit dient
einem Hausbaum	einem Obstgehölz
selbstgezogenem Obst	einer Hausbegrünung aus Kiwis einer Pergolabegrünung mit Wein einem Topfgarten mit Johannisbeeren, Apfelbäumen (Ballerina-Sorten), Erdbeeren
einem Sitzplatz	einem Stuhl als schmückendem Accessoire in einem Blumenbeet

Die roten Blüten der Zierquitte malen ihr Muster auf die halbhohe Hecke. Da wird man gleich neugierig, was wohl dahinter versteckt sein mag.

Vertikale Gartenteiler für gestalterische Kunstgriffe

In jedem Garten findet man an den Grundstücksgrenzen Hecken, Zäune oder Mauern, die Sichtschutz bieten, manchmal auch Lärmschutz und dem Garten etwas Heimeliges verleihen. Diese Möglichkeiten lassen sich auch nachträglich in das Gartenreich übertragen, wenn man verschiedene Einheiten voneinander trennen will. So kann beispielsweise zwischen den Blumenrabatten und den Gemüsebeeten eine Sichtschutzwand aus Holz stehen. Der Sitzplatz kann durch ein etwa kniehohes Mäuerchen oder einen Bambushorst von den übrigen Gartenteilen abgetrennt werden. Dadurch wird er zu einem lauschigen, etwas windgeschützten Fleckchen.

siehe auch Seiten 58/59

Sie können aber auch nur optisch durch niedrige Pflanzen diese Li-

nien unterstreichen. Einfassungen der Beete aus rötlichem Klinkerstein oder niedrigen Buchshecken geben Beeten mit unterschiedlichen Themen und verschiedenen Funktionseinheiten ihren Rahmen. Diese Variante wirkt zwar für das Auge wie eine Wand, ist aber natürlich kein blickdichtes Element und bietet keinen Lärmschutz.

Wer höhere Hecken im Garten pflanzt, sollte damit sehr vorsichtig umgehen, denn nur allzu leicht

Sommersalbei bildet seinen lilablauen Rahmen am Wegesrand sogar zweimal im Jahr: im Juni und nach einem kräftigen Rückschnitt nochmals Ende August bis Anfang September.

verliert der Garten auf diese Art und Weise seine Einheit. Die Höhe sollte einen Meter nicht un-

Kapuzinerkresse schließt in den Sommermonaten den Zaun zwischen Zier- und Nutzgärtlein mit seinem ländlichen Charme.

bedingt überschreiten. Zugleich kann ein Durchgang romantisch verspielt gestaltet werden, indem Sie aus Clematis und Rosen einen Bogen wachsen lassen. Wenn Sie zum Beispiel eine Buchenhecke pflanzen, können Sie aus Zweigen, die über ein Gerüst gelegt werden, einen Torbogen formen, der bereits nach wenigen Jahren zugewachsen ist. ■

13

Raumteiler und grüne Wände für die Gartengliederung

Abgeguckt in alten Kräutergärten

Klassisch wie in einem traditionellen Kräutergarten sorgt Buchsbaum für eine Grenze zwischen Beeten und Wegen. Der immergrüne Strauch ist relativ preiswert zu bekommen. Man benötigt etwa 4–5 Pflanzen pro laufenden Meter.

Dekorativ und funktional

Das Steinmäuerchen fängt die Blumenrabatte ab, trennt sie aber auch deutlich vom angrenzenden Rasen. Bei Gärten mit stärkeren Neigungswinkeln vermeiden Sie so, daß der Boden abgespült wird.

Schnelle Lösung

Es gibt eine Fülle verschiedenster Sichtschutzelemente. Der Vorteil dieser Elemente im Vergleich zu pflanzlichen Wänden: Von einem Tage auf den anderen erfüllen sie die volle Funktion.

Buchenhecke im Winterkleid

Die trockenen Buchenblätter verfärben sich zum Ende des Gartenjahres hellbeige. So fügen sich die natürlichen Wände dezent in die Gartenszenerie ein. Das Laub bleibt bis zum Blattaustrieb im Frühjahr an den Zweigen, so daß diese Hecke das ganze Jahr über blickdicht geschlossen ist.

Raumteiler aus Holz: Das sollten Sie beachten

Sie sind zwar platzsparend und blickdicht, bieten aber keinen Lärmschutz; das Holz muß kesseldruckimprägniert sein; damit die Flechtelemente nicht so steril wirken, sollten Sie zierliche Rankgerüste aus Metall davorsetzen und einjährige Kletterpflanzen emporranken lassen. Zum Beispiel: Schwarzäugige Susanne, Prunkwinde, Sternwinde, Wicken.

Suchen Sie sich eine passende Möglichkeit für Ihren Garten aus. Wichtig bei der Wahl sind vor allem die Höhe der grünen Wand und ihre Transparenz. Gleichzeitig sollten diese Elemente zum Stil des Hauses passen und später mit den dominierenden Farben der Bepflanzung harmonieren.

▌ siehe auch Seiten 42/43

siehe auch Seiten 42/43

Zudem empfiehlt es sich, auch darauf zu achten, daß alles Material, beziehungsweise die Art des Materials zu den anderen Gartenelementen, wie dem Bodenbelag, dem Geländer oder dem Gartenhäuschen paßt. ■

Geballte Blüten mit feinwürzigem Laub

Schnittlauch ist als Kräuterpflanze sehr beliebt, ergibt aber auch eine wunderschöne Einfassung für Kräuterbeete. Er blüht im Mai. Wenn Sie die Schlotten ernten, sollten Sie diese immer zunächst von hinten wegnehmen. Bis zur ersten Blüte lassen Sie den Schnittlauch unberührt, damit die rosa Blütenbälle gleichzeitig erblühen.

Das gewisse Etwas

Kleine Hecken im Garten werden zu einem Blickfang, wenn Sie ein altes schmiedeeisernes Zaungitter dazwischen setzen. Da das filigrane Kunstwerk erst beim genaueren Hingucken auffällt, verweilt der überraschte Betrachter gerne davor. Außerdem trotzt es der Witterung und ist auch in der kalten Jahreszeit ein Blickfang.

Hereinspaziert

Die Ligusterhecke bildet einen malerischen Torbogen. Dazu werden einzelne Zweige über den Durchgang geführt. Nach einigen Jahren hat sich der Bogen kräftig entwickelt. Durch regelmäßigen Schnitt bleiben Hecke und Tor attraktiv und ansehnlich. Eine solche Unterteilung bietet sich an, um Nutz- und Ziergarten zu trennen.

Viel Spaß beim Ernten

Ein kleiner Apfelbaum, hier die Sorte 'Goldparmäne', dient als mobile Wand. Die Zweige werden an einem Holzspalier, das im Topf verankert ist, entlang gezogen (siehe auch Seite 86/87). Diese Wand ist mobil: Im Frühjahr steht sie beispielsweise an der Terrasse, im Sommer verdeckt das Bäumchen dagegen den leeren Frühbeetkasten und im Spätsommer leuchten die köstlichen Früchte vor den abgeernteten Gemüsebeeten.

Der lauschige Sitzplatz – das Wohnzimmer im Garten

Wer im Garten ein lauschiges Plätzchen haben möchte, der will in der Regel nicht lange warten, sondern von Anfang an geschützt in dem kleinen Refugium die Sonne genießen. Sträucher wachsen in den ersten Jahren noch nicht so dicht, so daß Holzspaliere hier die richtige Lösung sind. Kletterpflanzen sorgen dafür, daß die Wände mit

Die schönsten einjährigen Kletterpflanzen, die für die Topfkultur geeignet sind

- Maurandie (Asarina barclaiana)
- Schönranke (Eccremocarpus scaber)
- Japanhopfen (Humulus scandens)
- Duftwicke (Lathyrus odoratus)
- Prunkwinde (Pharbitis purpurea)
- Feuerbohne (Phaseolus coccineus)
- Sternwinde (Quamoclit lobata)
- Schwarzäugige Susanne (Thunbergia alata)

Unten ein Beispiel für einen Sitzplatz mit Aussicht. Wenn die Sommerabende lau und fröhlich sind, dann verläßt man dieses gemütliche Eckchen nur ausgesprochen ungern. Sternschnuppen und den Vollmond können Sie hier in aller Ruhe genießen, ebenso die sommerliche Siesta in den Mittagsstunden. Bei der Einrichtung eines solchen Sitzplatzes sollten Sie viel Wert auf eine harmonische Gestaltung legen, damit es ein gemütliches Sommerzimmer wird. Stimmen Sie die Farben der Gartenmöbel am Sitzplatz mit den Blüten- und Blattfarben der verwendeten Pflanzen ab. So wirkt das Ensemble als überzeugende Einheit. Achten Sie bei der Auswahl des Bodenbelages darauf, daß dieser leicht zu pflegen ist.

Natur Buch

Tip

Bauen Sie sich die Sichtschutzwand aus Weidenruten selber! Dazu nehmen Sie fingerdicke Ruten und stecken diese 20 cm tief in den Boden. Lassen Sie zwei Hand breit Abstand zwischen den Ruten. Flechten Sie nun die Querstreben dazwischen und befestigen diese mit Sisalschnur. Bald schon bilden die Ruten im Boden Wurzeln.

Blättern und Blüten geschmückt sind. Kübelpflanzen schaffen ein südliches Ambiente.

▌ siehe auch Seiten 70/71

Ein solches Plätzchen können Sie sich auf der Terrasse oder mitten im Garten einrichten. Der Eingang sollte versteckt liegen, damit Sie auch mal ungestört ein Buch lesen können. Lassen Sie den Gartenweg nicht gerade auf den Eingang zulaufen, sondern gestalten Sie lieber eine kleine Abzweigung in Ihre »Dornröschen-Ecke«. ■

1 *Der Wilde Wein gehört zu den Selbstklimmern. Er bildet kleine Haftorgane aus, mit denen er sich festhält. Ideal ist ein etwas rauher, großflächiger Untergrund. Zu dieser Gruppe zählen auch Efeu und Kletterhortensie.*

2 *Der Knöterich windet sich mit seinen weichen Trieben in die Höhe. Er sucht sich an Stäben, Kanthölzern und anderen Pflanzen Halt. Blauregen und Geißblatt schlingen sich mit der gleichen Methode nach oben.*

3 *Die Wicke bildet Ranken. Diese sind Sprosse oder Blätter, die sich wie eine Schnur in mehreren Windungen festzurren. Auch der echte Wein und Waldreben haben solche Ranken. Wichtig: Dünner Draht und Hölzer mit geringem Durchmesser geben den rankenden Pflanzen am besten Halt.*

4 *Spreizklimmer klettern in der Natur, indem sie sich mit Dornen in die Höhe ziehen. Kletterrosen und Brombeeren müssen allerdings im Garten immer wieder festgebunden werden, damit sie ihren Platz in der Höhe halten können.*

Das Spiel mit den Illusionen

Das Auge zu täuschen ist eine besondere Kunst. Sie müssen quasi Situationen vorgaukeln, die mit der Realität nicht übereinstimmen und trotzdem einer gewissen Vorstellung Raum lassen. Ein Tor am Ende des Gartens – wer denkt da nicht, daß es dahinter noch ein Stückchen weitergeht. Ein von Efeu umrankter Spiegel in der Hausmauer täuscht Tiefe vor. Vorne im Garten ein großer Kugelbaum, weiter hinten ein nur geringfügig kleinerer – und schon entsteht eine Tiefenwirkung. Das Auge meint, der Größenunterschied entstehe durch die Entfernung. Mit diesen Illusionen muß man im kleinen Garten einfach spielen. Die Ideen sollten frühzeitig in die Gesamtgestaltung einbezogen werden. Doch gehen Sie sparsam mit solchen Effekten um, denn die Gaukelei darf nicht zur Regel werden. Sonst wird es langweilig.

Wer Pfingstrosen liebt, verwendet die bis zu 60 cm hohen Stauden als Einfassung und schwelgt im Frühsommer in ihrem Blütenmeer. Pfingstrosen passen gut in den Hintergrund von niedrigen Pflanzen (beispielsweise am Rand eines Gemüsebeets) oder vor höhere Sommerstauden (beispielsweise Rittersporn oder Stockrosen).

Als Frühlingsblüher sind Tulpen aus keinem Garten wegzudenken. Ein Weg wird zu einem Erlebnis, wenn Sie die Ränder mit Tulpenzwiebeln säumen. Verwenden Sie am besten nur eine Art. So öffnen sich alle Blüten zur gleichen Zeit und prägen ein einzigartiges Gartenbild.

Lilablaue Lavendelbüsche passen gut in Gärten mit südlichem Flair. Der Duft der Blütenrispen ist dabei ein besonderes Geschenk. Zu den Halbsträuchern passen gut graugetönte Steine auf Wegen, als Kantensteine oder als Bodenbelag für Sitzplätze. Besonders hübsch lassen sich Rosenbeete oder auch der Fuß einer Kletterrose mit Lavendel schmücken.

Natur Buch
Tip

Einfassungselemente bieten die Möglichkeit, einfach aber dekorativ einen Abschluß des Beetes zu schaffen. Es gibt Einfassungen aus Gußeisen, die an die Biedermeierzeit erinnern. Sie muten romantisch an und fallen meist erst beim zweiten Blick auf. Terrakottaelemente dagegen benötigen einige Jahre, bis sie Patina angenommen haben und das auffällige Rotbraun durch Moosablagerungen natürlich wirkt. Die schlichten oder klassischen Modelle fügen sich dann aber charmant in das Bild ein.

Die schönste Kulisse in einem Garten wird von dem grünen Muster, das das Blattwerk zeichnet, gebildet. Schuppenförmig legen sich hier beispielsweise die Blätter des Wilden Weins übereinander, und wenn im Herbst die Nächte kühler werden, bereitet Ihnen diese Wand noch eine farbenprächtige Überraschung. Die Bank vor dieser grünen Blatt-Tapete wirkt als Anziehungspunkt. Nicht nur die Aussicht auf eine kleine Pause ist verlockend, sondern auch die Gesamtgestaltung mit der Holzbank gibt dem Garten Struktur und verleiht ihm selbst aus einem kurzen Abstand Tiefe.

Außerdem muß sich eine Idee aus der Gesamtgestaltung ergeben. Das heißt etwa, nur wenn formale Aspekte den Stil des Gartens betonen, können Sie das erwähnte Spiel mit den Kugelbäumen verwenden. In einem Naturgarten dagegen würde diese Idee fehl am Platz wirken, weil die geschnittenen Baumformen dem natürlichen Typ widersprechen. ■

Immergrün zeigt sich der Bambus. Dieses Gras mit asiatischem Flair umfaßt viele verschiedene Gattungen und Arten. Vor allem die niedrigen Bambusse eignen sich zur Einfassung von kleinen Beeten. Wichtig: Sie müssen eine Wurzelschutzbahn auslegen, damit der Bambus nur dort wächst, wo Sie es wünschen und sich nicht auf das ganze Beet ausbreitet.

Wege und Treppen im Garten
sind häufig eine Einheit, die
Sie mit der Verwendung gleicher
Materialien unterstreichen.

Gartenstrukturen mit wichtiger Funktion: Treppen und Wege

Wer in seinem Garten laufen will, benötigt befestigteWege, die durch das kleine grüne Reich führen. Ob gewunden oder schnurgerade – ein Weg hat innerhalb des Gartens eine zentrale Bedeutung. Er muß den Ansprüchen der Benutzer genügen, zum Beispiel leicht zu reinigen sein, eben und sicher angelegt werden sowie eine der Art der Benutzung entsprechende Breite haben. Gleichzeitig ist der Weg ein gestalterisches Element im Garten, das zum einen die Gartenräume verbindet, zum anderen aber auch die Möglichkeit bietet, verschiedene Bereiche wie Staudenbeet und Rasen voneinander zu trennen.

Treppen ermöglichen das bequeme Überwinden von Höhenunterschieden im Garten, so daß Sie alle Blickwinkel, die Ihr Garten bietet, genießen können.

Bei der Gestaltung von Treppen und Wegen ist es wichtig, daß sich Farben und Formen der Materialien in das Gesamtbild des Gartens leicht einfügen lassen. Im kleinen Garten kommt hinzu, daß sowohl der Weg als auch die Treppe einen eigenen Erlebnisbereich im Garten darstellen können. Letztere kann – wenn sie breit genug angelegt ist – zu einem Topfgarten werden. Der Gartenweg dagegen kann als kleiner Jahreszeitengarten so gestaltet werden, daß von Januar bis Dezember immer etwas Blühendes am Wegesrand zu finden ist. Auch kleine bepflanzte Inseln im Weg

Frühblühender Thymian legt seine rosaroten Blütentriebe gerne über Steine und lockert so starre Plattenwege auf.

Der Wegesrand als Blumenbeet: Rosen, Mutterkraut, Ringelblumen und Fetthenne blühen kunterbunt durcheinander und geben das Gefühl von Blütenfülle und Farbenreichtum.

wirken auflockernd und machen den Gartenweg interessant. Für die Bepflanzung solcher Inseln aber auch wegbegleitend sind vor allem duftende Blüher sehr geeignet. Zudem sollte die Blütezeit über einen möglichst langen Zeitraum anhalten. ■

So wird der Gartenweg zu einem Erlebnispfad

Der Weg als Raumteiler

Der Weg durch den Garten gliedert den Raum links in den Nutzgarten links des Weges und den Ziergarten auf der rechten Seite. Die schmalen Wege zwischen den Gemüsebeeten sollten mit dem gleichen Material wie der Hauptweg belegt sein.

Im Zickzack zum Gartenhaus

Dieser Weg ist länger als das Grundstück. Durch den Zickzack-Verlauf streckt sich der Weg und hält immer wieder neue Bilder vom Garten für Sie bereit. Zudem wird das Gründstück in vier verschiedene Bereiche gegliedert. Hier könnten Sie unterschiedliche Themengärten anlegen.

Hecken zum Verstecken

Der Gartenweg bestimmt in diesem Beispiel die ganze Anlage. Im kleinen zentralen Rondell finden Sie immer hinter einer der Hecken ein schattiges Plätzchen. Hier kann man mit exotischen Kübelpflanzen eine kleine Oase schaffen. Auch für Feste ist dies ein beliebter Grillplatz, denn nicht alles muß bis ins hinterste Eckchen getragen werden.

Es gibt die verschiedensten Möglichkeiten, einen Weg durch den Garten zu führen. Dabei sollten Sie bedenken, daß die Länge des Weges das Gefühl für die Größe des Gartens beeinflußt.

Mit jeder Richtungsänderung geht zudem ein Perspektivenwechsel einher, der für die Fülle und die Vielfältigkeit der unterschiedlichen Gartenbilder eine Bereicherung ist. Gestalten Sie also die

Umgebung so, daß die Bepflanzung immer wieder andersartige Blickachsen freigibt. Insbesondere Hecken, Sträucher und Bäume helfen dabei, das Auge auf bestimmte Ausschnitte zu leiten. ■

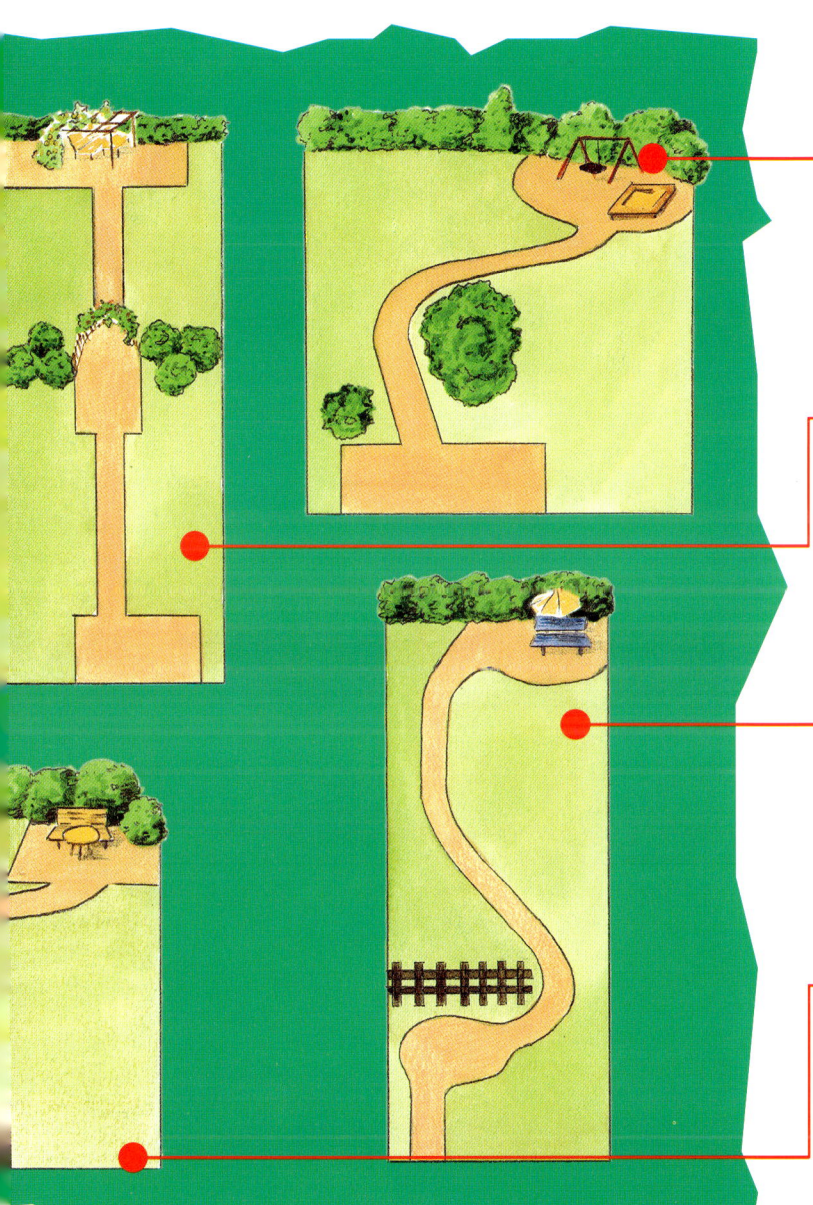

Um den Baum zum Spielplatz

Wenn Kinder im Garten spielen, wird nur selten der gerade Weg genutzt. Vielleicht testen Sie einfach mal, wo sich innerhalb der ersten Wochen ein Trampelpfad ergibt. Dieses wird mit Sicherheit der am häufigsten genutzte Gartenweg sein.

Intermezzo unter Rosenbogen

Ein Rosenbogen teilt den Weg und bietet die Möglichkeit, an der verbreiterten Stelle auch einmal einen Stuhl oder eine Bank zum Ausruhen aufzustellen. Zudem wird die Tiefe des langgestreckten Grundstückes vielfältig und interessant, denn Sie haben beiderseits des Weges jeweils zwei unterschiedliche Bereiche.

Ein Pfad zum Wandeln

Der weiche Schwung der Wegführung fordert einen geradezu heraus, den Garten mit Muße und in aller Ruhe zu genießen. Dabei sorgt die schmale Pergola dafür, daß Sie sich bei Ihren Betrachtungen immer nur auf einen Teil des Gartens beschränken.

Treppe mit Fortsetzung

Wenn Sie die Treppe ins Grüne heruntergehen, gelangen Sie ganz automatisch auf den Weg durch den Garten. Doch von dort aus lüftet sich erst langsam das Geheimnis der ganzen Anlage, denn Sträucher und Stauden geben nur allmählich den Blick auf das Grundstück frei.

Treppen – funktional, dekorativ und praktisch

Die Sammlungen seltener Sukkulenten und Duftgeranien finden auf der Treppe im Garten einen eigenen Raum. Rechts und links auf die Stufen gestellt, findet Ihre Sammelleidenschaft für eine erlesene Pflanzengruppe einen dekorativen Platz, wo sie auch Aufmerksamkeit bekommt. Sie können die Treppe und ihre seitliche Begrenzung natürlich auch als Sitzplätze nutzen, die es in der Zeit der Sommerfeste auch im kleinen Garten in großer Zahl geben sollte.

▌**siehe auch Seiten 52/53**

So bekommt dieses technisch notwendige Gartenelement eine zusätzliche Funktion. Ist der Boden dagegen nur wenig modelliert, könnte man meinen, Treppen sind überflüssig. Überlegen Sie gut, ob Sie tatsächlich auf einzelne Stufen verzichten wollen. Schließlich wird der Schritt verlangsamt und dadurch läßt man

Großzügige Lösung *Diese rund angelegte Treppe verleiht dem Garten eine verschwenderische Note. Sie vermittelt nämlich das Gefühl, als ob man mit Platz nicht sparen müßte. Besonders wirkungsvoll ist diese Treppenanlage innerhalb des Gartens, wenn sich die Kreisbögen der Stufen noch einmal wiederholen. Auf einer Linie könnte beispielsweise ein runder Teich angelegt sein oder ein kleines Biedermeierbeet.*

Lebendige Stufen *Wenn sich in den Fugen der einzelnen Stufen im Laufe der Jahre einige Pflänzchen aussäen, wird das steife Muster der Parallelen aufgelöst. In die benachbarten Beete brauchen Sie nur Frauenmantel zu pflanzen, und schon nach ein, zwei Jahren entdecken Sie die ersten kleinen Blattfächer. Auch Glockenblumen und Mauerpfeffer schmiegen sich in die Stufen.*

Wahlmöglichkeiten *Links die Treppe, rechts eine Schräge: So können Sie bequem Fahrräder oder Schubkarren durch den Garten schieben. Auch für Kinder ist diese Lösung angenehm, da sie besser im Garten spielen können. Zudem ist der Lavendelbusch an der Gabelung ein dekoratives Detail – schließlich müssen Sie jeden Pflanzplatz nutzen.*

Rosiger Empfang *Ein Rankgerüst mit einer Kletterrose steht den ganzen Sommer über wie ein Empfangskomitee an der letzten Stufe. Es zeigt an, daß hier der schönste Teil des Gartens beginnt. Die Blütezeit der ausgewählten Rosensorten sollte sich lange ausdehnen, damit dieses dominante Element über viele Wochen von den Blütengirlanden geschmückt wird.*

Abgang mit Sitzgelegenheit
Auf dieser Treppe gönnt man sich gerne eine kleine Ruhe-pause – ob nach oder während der Gartenarbeit oder zu einem kleinen Plausch. Genießen Sie die neue Perspektive auf den Garten, die sich Ihnen durch dieses Plätzchen eröffnet.

Die schönsten Polsterstauden für sonnige Böschungen: Farbtupfer für die Treppe

☐ *Alpenaster (Aster alpinus), Gänsekresse (Arabis), Karpatenglockenblume (Campanula carpatica), Schleifenblume (Iberis sempervirens), Schleierkraut (Gypsophila repens)*

▨ *Gänsekresse (Arabis), Federnelke (Dianthus plumarius), Storchschnabel (Geranium dalmaticum), Teppichphlox (Phlox douglasii), Rotes Seifenkraut (Saponaria ocymoides), Feldthymian (Thymus serpyllum)*

▨ *Felsensteinkraut (Alyssum saxatile), Lerchensporn (Corydalis lutea), Sonnen-röschen (Helianthemum), Zwergalant (Inula ensifolia), Islandmohn (Papaver nudicaule), Gold-Fetthenne (Sedum floriferum)*

▨ *Alpenaster (Aster alpinus), Blaukissen (Aubrieta), Karpatenglockenblume (Campanula carpatica), Sternglocke (Campanula garganica), Ehrenpreis (Veronica prostrata)*

sich auch gerne etwas ablenken. Außerdem kann man durch leich-te Höhen das Zeichen setzen, daß nun ein neuer Gartenraum rechts oder links vom Weg beginnt. ■

Bodenbeläge –
eine Frage des Stils

Wege müssen sich in die Gestaltung des Gartens nicht nur von ihrem Verlauf her einfügen, sondern auch von ihren Baumaterialien. Sie haben die Wahl zwischen einem festen und einem wassergebundenen Bodenbelag.

Wichtig ist ein fachgerechter Unterbau. Je nach Klima, Boden und Art der Belastung muß der Weg ausgekoffert und anschließend mit einer Drainage versehen werden. Wer den Weg seitlich mit Kantensteinen befestigen will, setzt diese in ein 30 bis 40 cm tiefes Fundament aus Magerbeton. So stehen ca. 5 cm des Kantensteins über. Anschließend werden die folgenden Schichten hineingefüllt und jeweils mit einer Rüttelmaschine gut verdichtet: Grobschotter ca. 20 bis 30 cm, Feinschotter ca. 5 bis 10 cm, Splitt beziehungsweise Sand ca. 5 cm. Die Oberfläche muß eben sein, damit der Belag sauber verlegt werden kann. ■

Eine Frage des Preises
Rechteckige Platten sind in der Wirkung sehr dezent. Je größer die einzelne Platte ist, desto großzügiger erscheint der Weg. Naturstein hat dabei eine edle Ausstrahlung, die sich aber auch im Preis niederschlägt. Eindeutig günstiger sind Betonsteinplatten.

Mit Eigenleben
Die versetzten Fugen des gebrochenen Gesteins zeichnen ihr eigenwilliges Muster auf den Boden. Ideal ist dieser Bodenbelag als Fortsetzung einer Terrasse. An feuchten, schattigen Stellen können die Steine leicht vermoosen. Dies sieht zwar hübsch aus, beeinträchtigt aber die Sicherheit.

Klinker ganz klassisch
Das Fischgrätmuster zählt zu den traditionellen Verlegemustern für Klinkersteine. Es wirkt das ganze Jahr als Höhepunkt, um den man Sie beneiden wird. Beachten Sie, daß das Rotbraun der Klinker nicht zu jedem Garten- und Haustyp paßt. Am besten harmonieren frostfeste Klinkersteine mit einem ländlichen Stil.

Lebendige Lückenfüller

Stauden, die auf einem mageren Boden gut gedeihen und auch Trockenheit vertragen, können Sie zwischen Pflastersteinen ansiedeln. Wichtig: die Steine müssen in ein Sandbett verlegt werden und dürfen nicht mit Zement verfugt sein. Entfernen Sie bei kleinteiligen Pflastern einen Stein und füllen etwas Gartenboden gemischt mit Sand, Gesteinsmehl und etwas Split in das Loch. Dort hinein wird beispielsweise ein Hauswurz, Stachelnüßchen oder Katzenpfötchen gepflanzt. Die Oberfläche der Pflanzfläche mit Splitt abdecken!

Naturstein nicht ganz preiswert

Sie haben wirklich kleine Flächen, auf denen Sie Restposten verarbeiten können. Notfalls suchen Sie zwei oder drei verschiedene Pflasterpartien zusammen und mixen diese zu einem ungewöhnlichen Pflastermuster.

Das gewisse Extra

Ein fächerförmig verlegtes Kleinpflaster findet man nicht alle Tage. Es macht den einfachen Gartenweg mit einem üblichen Bodenbelag zu etwas Besonderem. Außerdem kann man sich mit dem Wellenmuster des Weges immer ein paar Schritte weiter in den Garten treiben lassen.

Weg und Wohnhaus bilden eine malerische Einheit. Rechts und links säumen hunderte von Margeriten den Kiesweg. Er stellt sich diplomatisch als Vermittler zwischen die schlichten Blüten und die klassische Fassade. Wassergebundener Kies ist aber nichts für lautlose Schleicher.

Sommerliche Blütenpracht: Mutterkraut, Schafgarbe, Salvien, Indianernessel, Feinstrahlaster und Sonnenbraut sorgen für ein abwechslungsreiches Blütenmeer im Garten.

Kleine Pflanzen
für kleine Gärten

Für Pflanzen ist der Platz im kleinen Garten begrenzt – so meint man im Allgemeinen. In der Regel macht aber auch die Not erfinderisch, und so sind die meisten kleinen Gärten eigentlich doch sehr artenreich bepflanzt. An Rankgerüsten und in Töpfen wird jedes Fleckchen ausgenutzt.

siehe auch Seiten 16/17

Zunächst spielen bei der Pflanzenauswahl Standort, Bodenverhältnisse und Klima – wie in jedem Garten – eine Rolle. Daneben müssen Sie bei dem begrenzten Platz aber darauf achten, daß die Gewächse von den Proportionen zur Fläche passen und daß sie möglichst langsam wachsen, damit nicht nach wenigen Jahren einige Giganten den Garten bevölkern und die anderen Pflanzen verdrängt haben. ■

Die Bepflanzung: Ein spannendes Puzzlespiel

Ein Gerüst aus Bäumen und Sträuchern

Bäume und Sträucher prägen mit ihrer Struktur aus den verholzen-

Steingartenpflanzen schmücken die Beete unter Gehölzen mit ihren bunten Blüten.

den Teilen das ganze Jahr über die Gartenbilder.

siehe auch Seiten 34/35

Sie sind sozusagen die feste Kulisse. Daher will ihre Auswahl wohl überlegt sein.

Stauden, Sommer- und Zwiebelblumen fügen sich in diese Kulisse ein. Sie sorgen in jeder Jahreszeit für eine angemessene Begleitung der Gehölze. Doch beachten Sie: Auch die Gehölze sollten ihr Äußeres in den verschiedenen Jahreszeiten immer wieder verändern, damit der Garten neue Bilder hervorbringt. Deshalb sollte man Koniferen nur in Maßen verwenden und im Zweifelsfall Immergrüne wie Buchsbaum, Ilex und Efeu vorziehen. Sie können problemlos in Form geschnitten werden und bleiben dadurch klein. Zudem wirken Immergrüne etwas transparenter.

Die Strauchpfingstrose bezaubert einmal im Jahr mit ihren tellergroßen Blüten. Ansonsten hält sie sich dezent zurück.

Pflanztip

Vor dem Bepflanzen einer Neuanlage sollten Sie den Boden gut vorbereiten. Das heißt: alle Wurzelunkräuter wie Giersch, Winde und Quecke gründlich entfernen und den Boden lockern. Sandige Böden sollten mit Humus (z. B. Komposterde) und Urgesteinsmehl angereichert werden. Schwere Lehm- und Tonböden brauchen Sand und Humus, damit das Gefüge krümelig wird. Im Frühjahr, wenn das Wachstum beginnt, bekommen die Pflanzen einen mineralischen Mehrnährstoffdünger. Nach der Pflanzung decken Sie die Beete am besten mit Rindenmulch ab, damit der Boden die Feuchtigkeit gut hält und Unkraut sich nicht so stark in den Zwischenräumen ansiedeln kann.

Jedes Fleckchen nutzen

Damit im kleinen Garten die gewünschte Vielfalt entsteht, sollte man sich als Ziel setzten: Gartenerde sollte möglichst nicht sicht-

Diese Malve gehört zu den Sommerblumen, die als Lücken-füller in den Rabatten gute Dienste leisten.

bar sein. Also wird jede Baumscheibe mit Blumen bepflanzt, am Sitzplatz werden Kübelpflanzen aufgestellt, das Dach des Gartenhäuschens bekommt eine extensive Begrünung und wo es nur irgend geht, überläßt man den Kletterpflanzen die Wände, um die Höhen zu erobern. Beachten Sie aber auch, daß der Arbeitsaufwand nicht ins Unermeßliche steigt, denn es soll ja schließlich noch Zeit bleiben, um das Gartengrün zu genießen. Deshalb Kübel und Töpfe mit Stauden bepflanzen, die über mehrere Jahre im Topf stehen bleiben können

und das ganze Jahr über ein gutes Bild abgeben. Auch kleinbleibende Gehölze gedeihen problemlos in Gefäßen. Eine automatische Bewässerung sorgt im Sommer fürs Gießen. Lücken im Staudenbeet werden im Frühsommer mit passenden Sommerblumen geschlossen. ■

Natur Buch

Auch wenn der Platz rar ist, die vorgegebenen Pflanzabstände müssen eingehalten werden. Denn anderenfalls müssen Sie bereits nach einem Jahr die ersten Pflanzen teilen oder wegnehmen, weil die Bepflanzung viel zu dicht ist.

Standort und Boden – was Sie über Ihren Garten für die Pflanzenauswahl wissen sollten

Sonniger Standort: Bei Sonnenschein ist der Bereich die meiste Zeit des Tages besonnt.

Halbschattiger Standort: Bei wolkenloser Witterung halten sich Sonnen- und Schattenstunden etwa die Waage.

Schattiger Standort: Die meiste Zeit des Tages erreichen keine Sonnenstrahlen den Boden.

Sandige Böden haben einen hohen Anteil grober Körner. Zerreibt man die Erde zwischen den Fingern, so zerfällt die Probe.

Lehmhaltige Böden lassen sich zwischen den Fingern kneten.

Je schmieriger die Bodenprobe sich anfühlt, desto höher ist der Tonanteil.

Humose Böden haben eine bräunliche Farbe und sind locker krümelig. Meist riecht dieser Boden, der reich an Pflanzenfasern ist, nach Waldboden.

Saure Böden haben einen pH-Wert unter 6,5. Hier gedeihen beispielsweise Rhododendren sehr gut. Wenn Sie Kalk streuen, steigt der pH-Wert.

Basische Böden werden auch als kalkhaltig bezeichnet. Der pH-Wert liegt über 6,5. Kalkungen sind hier nicht notwendig.

Die unterschiedlichsten Blattstrukturen malen ihre Muster auf die Kulisse. In diesem Beispiel wurden Gehölze mit einem asiatischen Touch verwendet: Mahonie, Azalee, Kirschlorbeer und Aukube.

Die Zwerge aus dem Reich der Bäume und Sträucher

Von vielen unserer Laub- und Nadelbäume gibt es Miniaturausgaben, die nur langsam wachsen und auch dauerhaft kleinbleiben. Im Bereich der Obstgehölze können Sie sogar selbst die Größe wählen, da sie von der jeweiligen Unterlage abhängig ist.

| siehe auch Seiten 88/89

siehe auch Seiten 88/89

So erhalten Sie stimmige Proportionen zwischen der Bepflanzung und dem ganzen Garten beziehungsweise den kleinen Gartenräumen. Die normalen Bäume und Sträucher werden nämlich zu groß und mit den Jahren kommt immer weniger Sonne in den Garten. Aus diesem Grund verzichtet man im kleinen Garten auch eher auf größere Gehölzgruppen und wählt die kleinen, stammbildenden Gehölze als Hausbaum aus. Achten Sie immer darauf, daß der Schmuck möglichst vielfältig ist. Frühjahrsblüher sollten im Herbst Beerenschmuck tragen wie beispielsweise Zierapfel, Sanddorn oder Zierquitte. Sommerblüher können mit einer auffälligen Blattfärbung zum Jahresende glänzen oder auch eine elegante Wuchsform im unbelaubten Zustand präsentieren. Beispiele hierfür sind die Korkenzieherhasel 'Contorta' und der Perückenstrauch. Wenn Sie Gehölze nebeneinander pflanzen, sollten sich diese durch unterschiedliche Blattfarben und -strukturen voneinander abheben. Halten Sie dabei immer ausreichend Abstand, damit die kleinen

Sanddorn gedeiht in der Natur auf trockenen, sandigen Böden und hat sich auch als Hecke bewährt. Um Früchte zu erhalten, müssen männliche und weibliche Pflanzen gesetzt werden.

Sträucher auch genügend Platz haben, um sich entfalten zu können. Außerdem sorgen Sie auf diese Art und Weise für eine gute Belüftung der gesamten Bepflanzung. Auch ausreichende Luftzirkulation ist für ein gesundes Wachstum aller übrigen Pflanzen von großer Bedeutung. ■

Der Schneeball ist beliebt wegen seiner schönen Herbstfärbung und der dekorativen Früchte.

Eine Frage der Form – Gehölze und ihr Wuchs

Wie ein Strich im Garten

Säulen sind raumsparend und bestimmen das Gartenbild, auch ihr Schattenwurf hält sich in Grenzen. Wenn Sie sich Blüten- und Fruchtschmuck wünschen, so sind Säulenzierkirsche 'Amanogawa' und Säuleneberesche 'Fastigiata' zu empfehlen. Aber auch viele Koniferen wachsen als langgestreckte Bäume.

Ungewöhnlich

Die umgekehrte Kegelform ist zwar eher selten, wird aber auch interessante Aspekte in das Pflanzenbild bringen. Die säulenförmige Eibe kann sich beispielsweise in dieser Art und Weise oben öffnen und verbreitern.

Ein Häubchen aus Ästen

Die Trauerform mit kaskadenartig herunterhängenden Zweigen kennt man von vielen bekannten Laubgehölzen: die Hängeulme- 'Pendula', die hängende Blut- buche 'Purpurea Pendula', die Trauerbirke 'Youngii' und die Purpurbirke 'Purpurea'. Wichtig: Die Sorten sind für den kleinen Garten nur geeignet, wenn die Krone auf langsamwachsende Stammbildner veredelt ist.

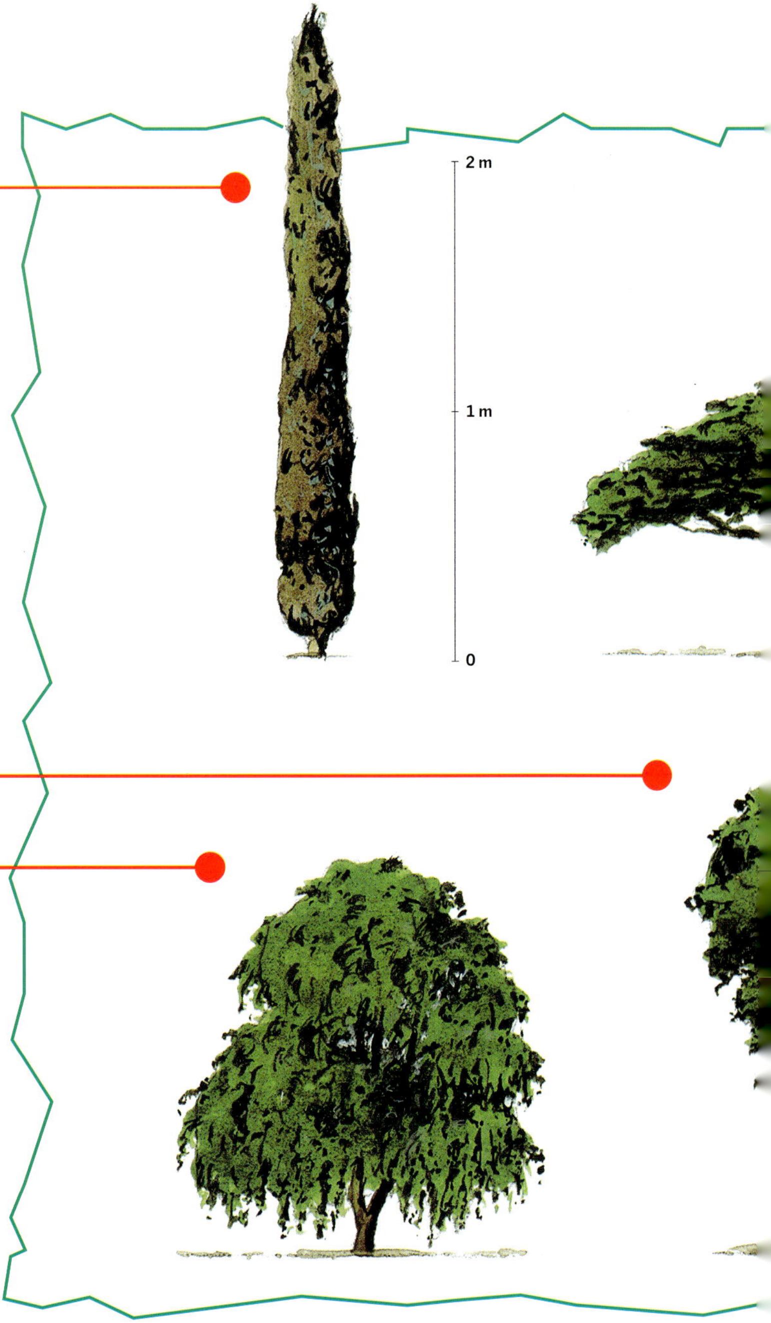

2 m

1 m

0

Jedes Gehölz hat seine eigene, charakteristische Wuchsform. Nur wenn Sie nicht mit der Schere massiv in die Entwicklung eingreifen, kann sich diese entfalten. Für den kleinen Garten bietet es sich an, vor allem solche Gehölze herauszupicken, die sich durch geringe Pflanzflächen und bizarre Silhouetten auszeichnen. Grundsätzlich sollten Sie aber daran denken, daß die verholzenden Pflanzen entweder nur langsam wachsen, oder aber tatsächlich klein bleiben, denn Bäume und Sträucher stellen das Grundgerüst einer jeden Bepflanzung und Gartenplanung dar. ■

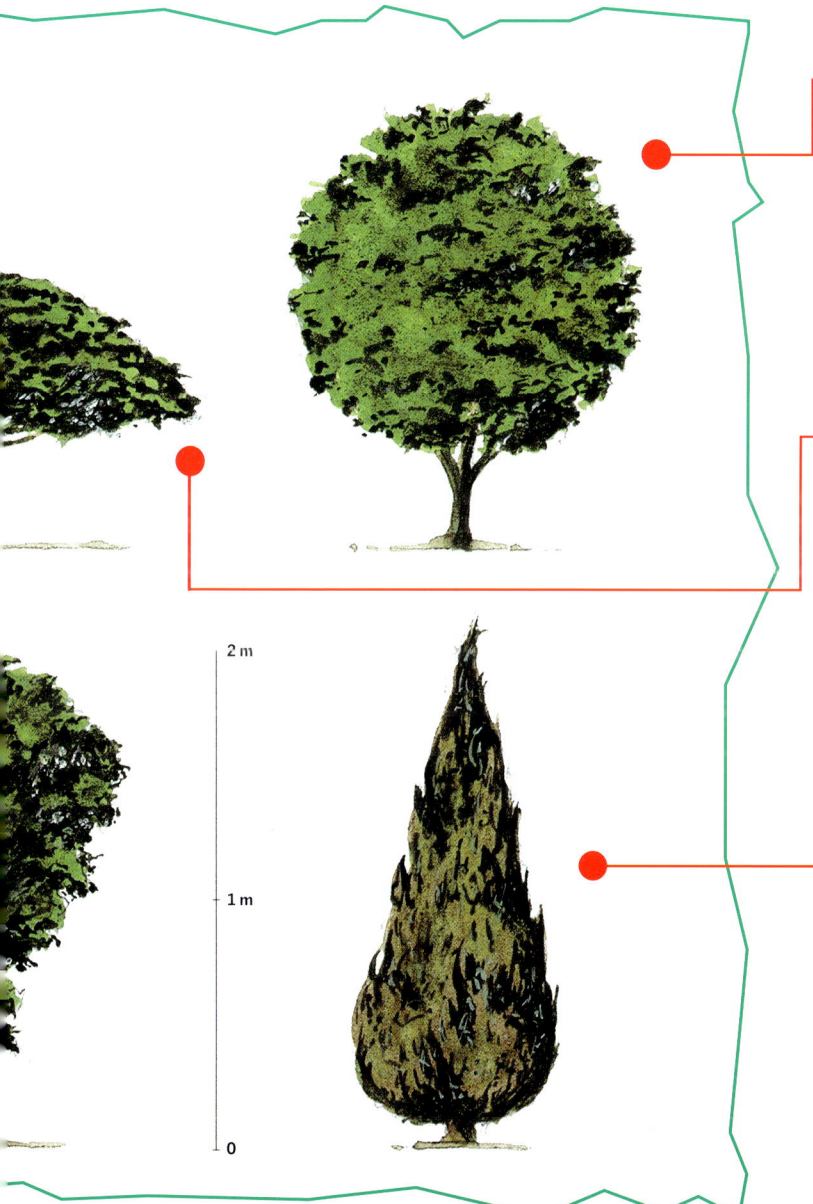

Für formale Gärten

Kleine Kugelbäumchen fügen sich sehr gut in einen architektonischen Garten ein. Sie können zum einen straffe Linienmuster auflockern, ohne das Gefüge zu stark zu kontrastieren, andererseits kann man auch einem kleinen Garten das Thema »runde Formen« geben. Ohne Schnitt bleiben Kugelakazie 'Umbraculifera' und Kugelesche 'Nana' kugelrund.

Nach oben immer breiter

Gehölze mit einer immer breiter werdenden Krone sind ideal für Unterpflanzungen. Auf der Baumscheibe gedeihen Schattenstauden, während der Baum seine ganze Schönheit entfaltet. Diese Wuchsform kommt nur als Solitär zur Geltung. Die Zaubernuß, ein wunderschöner Frühlingsblüher, ziert beispielsweise auch eine größere Blumenrabatte. Auch die Sorten von Zierkirsche und Japanischem Ahorn haben diese eindrucksvolle Silhouette.

Kompakte Kegel

Das Schöne an dem kegelförmigen Wuchs ist, daß er meistens seine Form behält. Sehr hübsch wirken Buchs und Kirschlorbeer, wenn man Ihnen durch Scherenschnitt diese Form gibt. Dadurch wird der Wuchs kontrolliert und die Gehölze wachsen nicht ungezügelt in die Breite und Höhe. Häufig finden Sie die Kegelform auch bei Koniferen.

2 m

1 m

0

Jedem Haus seinen Baum

Zu jedem Haus gehört ein Baum – und zwar unabhängig davon, wie groß oder klein der Garten ist. Ein sogenannter Hausbaum strukturiert das Grundstück auf klassische Art

Viele verschiedene Zwergfichten gibt es im Fachhandel. Sie eignen sich gut für eine Einzelstellung, beispielsweise neben einer Treppe oder an der Terrasse, aber auch zum Auflockern von Heidebeeten oder Steingärten.

Der Japanische Feuerahorn 'Aconitifolium' mit seinem leuchtenden Herbstlaub wächst relativ langsam. Er eignet sich besonders gut für Wegränder oder als Beetabschluß. Nässe und kalkhaltige Böden sollten Sie vermeiden.

Die blütenreiche Zierkirsche 'Kanzan' eignet sich am besten für die Einzelstellung. Zur Blütezeit bietet sie einen überwältigenden Anblick. Meiden Sie saure Böden und sorgen Sie für eine gute Nährstoffversorgung. Herbstlaub: Scharlachrot.

und Weise. Nun kann man bei kleinen Grundstücken immer wieder ins Grübeln kommen, ob denn wohl der Platz tatsächlich ausreicht. Nicht selten wächst der Hausbaum den Besitzern über den Kopf. Doch solche Schere-

reien müssen nicht vorprogrammiert sein. Schließlich hängt der Erfolg ganz entscheidend von der richtigen Pflanzenwahl ab, und nicht etwa vom Schnitt. Der hilft hier rein gar nichts, denn in vielen Fällen regt er das Wachstum

*Zwischen April und Mai öffnet die Zierkirsche ihre dichtge-
füllten Blüten. Die Sorte 'Shidare-sakura' überzeugt durch
ihren lockeren Wuchs. Die Zweige hängen leicht über.*

Natur Buch

Warum nicht einmal einen
Obstbaum als Hausbaum nehmen? Eine Quitte hat beispielsweise wundervolle Blüten und
die Früchte lassen sich zu ganz
köstlichen Speisen verarbeiten.
Birnen, Kirschen, Äpfel oder
Pflaumen geben ebenfalls ein
gutes Bild ab – und die eigene
Ernte erfüllt jeden Gärtner
mit Stolz.

*Der Apfel braucht zur
Befruchtung meistens
einen sogenannten
Pollenspender.*
 IV IX–XI

*Für die Birne ist ein
warmer Standort für
gutes Wachstum von
großer Bedeutung.*
IV IX–XI

*Die Quitte ist ein
traditionelles Obst-
gehölz aus Groß-
mutters Garten.*
 IV–V X

*Man unterscheidet
zwischen Süß- und
Sauerkirschen (Sauer-
kirschen regelmäßig
zurückschneiden).*
III–IV V–VIII

eher an, als daß er die Pflanzen
zähmt.

Ein Hausbaum sollte übrigens
hinsichtlich seiner Schönheit ein
Multitalent sein: Blütenschmuck,
dekoratives Laub, schöner Wuchs,
Fruchtschmuck, Herbstfärbung
und vielleicht noch eine malerische Rinde sind hier gefragt. Da
aber nicht jeder Baum alle Vorzü-
ge bieten kann, sollten mindestens

zwei bis drei herausragende Eigen-
schaften gefunden werden, denn
nichts ist schöner als ein Hausbaum, der die Jahreszeiten anzeigt.
Bei Zierformen, die auf einen
Stammbildner veredelt wurden,
müssen Sie besonders auf die
Stammhöhe achten. Das Längen-
wachstum nimmt bei diesen
Bäumchen nur noch unwesent-
lich zu. ■

Strauchschönheiten
für jede Jahreszeit

Jeder Strauch hat im Jahresverlauf seinen Höhepunkt. Besonders wertvoll für kleine Gärten sind Sträucher, die schon im Februar mit dem Blütenreigen beginnen, und solche, die eine auffällige Blattfärbung im Herbst zeigen. Auf diese Art und Weise hat man einen Garten, der fast in jedem Monat des Gartenjahres etwas Attraktives und Außergewöhnliches zu bieten hat. Im Sommer sorgen dann Rosen, Stauden und Sommerblumen für die nötige Farbenpracht im Garten. Die Sträucher halten sich in dieser Zeit ganz dezent im Hintergrund. Sie bilden dann auch eine mehr oder weniger einheitliche grüne Kulisse für Staudenbeete aller Art. ■

Die Blüten des Rosmarinseidelbast verströmen zur Blüte im Frühjahr einen intensiven Duft, der nicht nur Insekten anlockt. Im Vergleich zum Gewöhnlichen Seidelbast, der auch einen schwach sauren Boden verträgt, braucht diese Sorte einen neutralen bis alkalischen Boden.

Die Korkenzieherhasel 'Contorta' ist ein Gehölz, das im unbelaubten Zustand sehr dekorativ wirkt. Sie sollte so plaziert werden, daß Sie sie im Winter vom Zimmerfenster aus sehen. Die Korkenzieherhasel wächst in der Regel recht langsam und eignet sich auch aus diesem Grund für den Mini-Garten.

Kurz und eindrucksvoll ist die Blüte der Rhododendren und Azaleen. Wichtig ist, daß Sie kleinbleibende Sorten auswählen und vor allem auf eine ausgewogene Farbmischung achten.

Die kleinen Kleinen –
Sträucher bis 1 m Höhe

Laubgehölze

- *Berberitzen (Berberis)*
- *Bartblume (Caryopteris x clandonensis)*
- *Säckelblume (Ceanothus x delilianus)*
- *Scheinhasel (Corylopsis pauciflora)*
- *Ginster (Cytisus)*
- *Maiblumenstrauch (Deutzia gracilis)*
- *Ginster (Genista)*
- *Kerrie (Kerria japonica)*
- *Blauraute (Perovskia abrotanoides)*
- *Schattenglöckchen (Pieris floribunda)*
- *Skimmie (Skimmia japonica)*
- *Schneeball (Viburnum carlesii)*

Nadelgehölze für kleine Gärten

- *Zwergbalsamtanne (Abies balsamea 'Nana')*
- *Zwergfadenzypresse (Chamae-cyparis pisifera 'Filifera Nana')*
- *Gnomenfichte (Picea abies 'Pygmea')*
- *Zwergkiefer (Pinus pumilla)*
- *Zwergstrobe (Pinus strobus 'Radiata')*
- *Zwerglebensbaum (Thuja occidentalis 'Danica')*

Die großen Kleinen –
Sträucher bis 4 m Höhe

Laubgehölze

- *Schmetterlingsstrauch (Buddleja davidii – Hybriden)*
- *Liebesperlenstrauch (Callicarpa bodinieri 'Profusion')*
- *Gewürzstrauch (Calycanthus floridus)*
- *Blasenstrauch (Colutea arborescens)*
- *Roter Perückenstrauch (Cotinus coggygria 'Royal Purple')*
- *Garteneibisch (Hibiscus syriacus)*
- *Gartenhortensie (Hydrangea macrophylla)*
- *Kolkwitzie (Kolkwitzia amabilis)*
- *Spierstrauch (Spiraea)*
- *Frühlingstamariske (Tamarix parviflora)*

Nadelgehölze

- *Muschelzypresse (Chamaecyparis obtusa 'Nana Gracilis')*
- *Gewöhnlicher Wacholder (Juniperus communis)*
- *Gewöhnliche Eibe (Taxus baccata)*
- *Lebensbaum (Thuja occidentalis)*

Natur Buch

Achten Sie bei laubabwerfenden Gehölzen darauf, wie die Rinde gefärbt ist. Attraktive Zweige sorgen nämlich auch im Winter für Abwechslung. Besonders hübsch: Tatarischer Hartriegel 'Sibirica' mit scharlachroten Zweigen.

Die Zaubernuß zählt zu den Winterblühern. Bei Minusgraden erfrieren die Blüten nicht. Im Sommer sind die pagodenförmigen Sträucher dicht mit Blättern geschmückt, die zum Herbst kräftig in goldgelber Farbe leuchten.

Die Größe eines Strauches zeigt sich nicht immer in seiner Höhe. Vielmehr beweist dieser kleine Spindelstrauch, wie intensiv die Blätter im Herbst leuchten können – selbst wenn bereits graue Nebelschleier in der Luft liegen.

Rosige Zeiten –
keine Frage des Platzes

Wer den kleinen Garten mit Rosen schmücken will, der sollte sich auf Kletterrosen, Hochstämmchen und Bodendeckerrosen sowie kleinwüchsige Sorten beschränken. Bei Hochstämmchen sollten Sie beachten, daß die Pflanzen im Winter frostempfindlich sind und daher einen guten Schutz aus Tannenreisern brauchen. Verwenden Sie niemals luftundurchlässiges Plastik zum Schutz, sonst entwickeln sich Fäulnis und Pilzkrankheiten. Das Sortiment der Bodendeckerrosen sollten Sie in jedem Fall sehr gründlich studieren. Unter diesem Namen werden nämlich viele verschiedene Rosensorten zusammengefaßt, und zwar nicht nur solche mit niederliegenden, langen Trieben. Auch aufrechte und leicht überhängende Wuchsformen, die als Solitär dem kleinen Garten eine besondere Note verleihen, gehören in diese Gruppe. ■

Rosen und Lavendel sind eine klassische Verbindung, die nicht nur wegen ihrer Schönheit großen Erfolg hat, sondern auch weil der Lavendel Schädlinge von den Rosen fernhält. Die zarten blauen Rispen passen zu allen Blütenfarben der Königin der Blumen.

Die Kleinstrauchrose 'Sommermärchen' hat eine ideale Größe, um sich auch im kleinen Rahmen angemessen zu entfalten.

Wer keine Möglichkeit sieht, daß die Rosen in den Beeten Platz finden, der besinne sich einfach auf Kletterrosen. Sie entfalten ihre Pracht an Wänden, Rankgerüsten und Spalieren.

Wenn im Juni die Rosenblüte beginnt, verwandeln sich viele Gärten in eine Märchenlandschaft. Machen Sie diese traumhaften Blumen zum Thema Ihres Gartens. Stauden wie Glockenblumen, Nelken und Rittersporn fügen sich malerisch in die Situation ein, und der kleine Garten erhält durch die Wahl des Themas eine individuelle Note.

Tip Natur Buch

Durch häufige Schnittmaßnahmen bekommen Rosenbusche einen wunderschönen kompakten Wuchs. Gleichzeitig sollten ältere Triebe immer wieder verjüngt werden, damit die Rosen vital bleiben.

Bodendeckerrosen sind optimal, um kleine Böschungen beispielsweise neben der Treppe abzufangen. Dabei erweisen sie sich als relativ pflegeleicht. Bei der Sortenwahl sollten Sie auf eine möglichst lange Blütezeit achten!

Stauden und Sommerblumen wachsen
zusammen in einer Rabatte. Hier kann man
im Blütenreichtum schwelgen – und das
über mehrere Monate.

Weniger ist mehr – Pflanzengestaltung auf engstem Raum

Blumen für den kleinen Garten schmücken selbst kleinste Flächen und sollten während der drei wichtigsten Gartenjahreszeiten Frühling, Sommer und Herbst für spannungsreiche Farbkombinationen sorgen.

Sommerblumen, Zwiebel- und Knollenpflanzen sowie Stauden gilt es geschickt in das Gerüst aus Bäumen und Sträuchern einzuflechten. Dabei sind folgende Punkte von großer Bedeutung:

- Die Pflanzen sollten eine möglichst lange Blütezeit haben. Feinstrahlaster, Rittersporn und Sommersalbei blühen im Frühsommer und dann im Spätsommer ein zweites Mal.

- Die Farben sollten harmonisch aufeinander abgestimmt sein.

- Vor und nach der Blüte sollte das Blattwerk einen dekorativen Schmuck bieten.

■ siehe auch Seiten 48/49

- Sorgen Sie für eine lückenlose Pflanzendecke, die ihr Äußeres immer wieder verwandelt. Dort, wo im Frühling Tulpen und Narzissen ihre Schönheit entfalten, plustern sich im Herbst die Sternenwolken der Rauh- und Glattblattastern auf.

- Verwenden Sie nicht zuviele verschiedene Arten innerhalb einer Rabatte. Pflanzen Sie lieber größere Tuffs und wiederholen Sie die eine oder andere Pflanze auch einmal. Das wirkt großzügig.

Die Farbpalette des kleinen Gartens.

Sollten Lücken in der Bepflanzung auftauchen, so lassen sich diese mit Sommerblumen noch

Kaiserkronen zählen zu den stattlichsten Frühlingsblühern.

nachträglich ganz einfach füllen. Hinsichtlich der Blütenpracht sollten Sie Kletterpflanzen nicht außer Acht lassen.

■ siehe auch Seite 51

Berücksichtigen Sie auch die Gestaltung der Nachbargärten und beziehen Sie diese mit in die Planung ein, denn sie bilden die Kulisse für Ihr eigenes Paradies. ■

Farben und ihre Wirkung

Violett

Violett, die Mischung aus Rot und Blau, braucht helle Töne, um gut zur Geltung zu kommen. Eine sehr harmonische Farbkombination bildet es zusammen mit Grau. Dabei können ebensogut Steine für diese Farbe sorgen wie Blätter. Vor einer dunklen Laubkulisse wirkt Violett flach und erst durch einen Hell-Dunkel-Kontrast entsteht eine Tiefenwirkung.

Blau

Das reine Blau ist eine magische Farbe, die aber auch Kälte ausstrahlt. In Verbindung mit Gelb entsteht ein sachliches, aber dennoch reizvolles Ensemble. Mit Rosatönen entwickelt sich eine zauberhafte, sehr romantische Kombination.

Blaugrün

Eine Abwechslung im Blattgrün ist das Blaugrün. Es entsteht meist durch einen wachsartigen Belag auf der Blattoberfläche. So kommt auch ein lebendiges Farbenspiel in das Blattwerk. Blaugrün verleiht dem Ganzen eine edle Note. Weitere wichtige Blattfarben: Graugrün, Gelbgrün und Rotbraun.

Jede Farbe hat ihre Wirkung, die Sie unbedingt berücksichtigen sollten. Helle Pastellfarben wirken wesentlich luftiger. Sie verschwimmen mit dem Himmel und zeichnen keine so konkreten Striche in das Gartenbild, wie die kräftigen, gesättigten Töne. Dabei ist das leuchtende Feuerrot so dominant, daß man es im kleinen Garten nur selten oder gar nicht verwenden sollte. Beim Kombinieren verschiedener Farben sollten Sie nicht mehr als drei mischen. Bei gleichtonigen Blüten darauf achten, daß die Formen der Blüten unterschiedlich sind, um Spannung zu erzeugen. ■

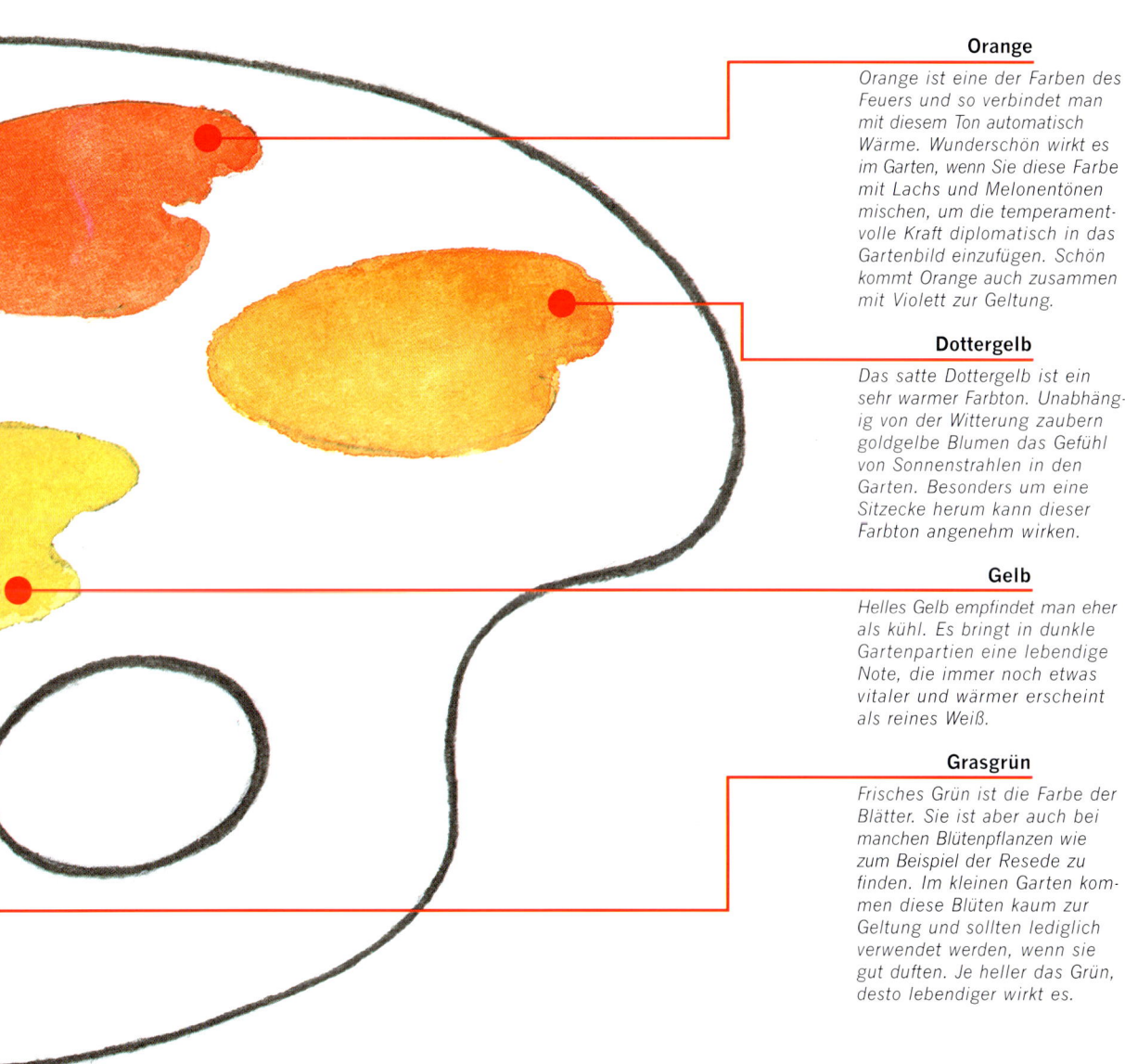

Orange

Orange ist eine der Farben des Feuers und so verbindet man mit diesem Ton automatisch Wärme. Wunderschön wirkt es im Garten, wenn Sie diese Farbe mit Lachs und Melonentönen mischen, um die temperamentvolle Kraft diplomatisch in das Gartenbild einzufügen. Schön kommt Orange auch zusammen mit Violett zur Geltung.

Dottergelb

Das satte Dottergelb ist ein sehr warmer Farbton. Unabhängig von der Witterung zaubern goldgelbe Blumen das Gefühl von Sonnenstrahlen in den Garten. Besonders um eine Sitzecke herum kann dieser Farbton angenehm wirken.

Gelb

Helles Gelb empfindet man eher als kühl. Es bringt in dunkle Gartenpartien eine lebendige Note, die immer noch etwas vitaler und wärmer erscheint als reines Weiß.

Grasgrün

Frisches Grün ist die Farbe der Blätter. Sie ist aber auch bei manchen Blütenpflanzen wie zum Beispiel der Resede zu finden. Im kleinen Garten kommen diese Blüten kaum zur Geltung und sollten lediglich verwendet werden, wenn sie gut duften. Je heller das Grün, desto lebendiger wirkt es.

Schwimmen Sie in einem bunten Blumenmeer

Ein buntes Blumenbeet gehört zu den jährlich wiederkehrenden Attraktionen des Gartens. Meist bleiben aber nur schmale Streifen und kleine Eckchen für die Farbtupfer übrig. Deshalb ist es umso wichtiger, eine harmonische Mischung aus groß- und kleinblumigen Blühern zusammenzustellen. Pflanzen mit recht kleinen Blüten, wie Katzenminze oder Spornblume, haben eine über Wochen anhaltende Blütezeit. Zudem legen sich diese Pflanzen wie Wolken in die Beete und verleihen ihnen einen lockeren Aufbau. Im Hintergrund können Sie einige straff aufrechte Pflanzen wie beispielsweise Stockrosen setzten, die nur wenig Platz brauchen. Großblumige Arten werden nur vorsichtig in die Bepflanzung eingestreut, denn die Blütezeit ist bei Stauden meist auf ein bis zwei Wochen begrenzt und auch die Proportionen leiden.

Ein prachtvoll blühendes Staudenbeet, in dem Rosen, Fingerhut und Glockenblume bunte Farbtupfer zwischen weißen Margeriten bilden.

Lassen Sie die Höhen der unterschiedlichen Pflanzen innerhalb eines Beetes schwanken. Das Auf und Ab der Bepflanzung wirkt belebend und bringt Spannung in die Pflanzung. Beete, die rundherum begehbar sind, sollten so aufgebaut sein, daß sie von jeder Seite aus betrachtet ein anderes Gesicht haben.

Um ein zufriedenstellendes Ergebnis zu erzielen, sollten Sie sich die Mühe machen, einen detaillierten Plan für Ihre Beete zu entwerfen. Nutzen Sie beispielsweise trübe Wintertage für die Planung Ihrer nächsten sommerlichen Blumenrabatten. So können Sie sich auch schon auf die neue Pflanzsaison einstimmen.

Im bunten Sommerblumenbeet gibt es viel zu sehen: Husarenknöpfchen, Eisbegonien, Studentenblumen, Duftsteinrich, Salvien und Fleißige Lieschen.

Mit den Angaben aus Pflanzkatalogen und Fachliteratur, können Sie, unter Berücksichtigung einiger Grundregeln, die für Sie optimalen Pflanzungen leicht selbst entwerfen. ▪

 Natur Buch

Halten Sie immer ein paar Stauden oder Sommerblumen in Töpfen bereit. Zur Blütezeit kann man sie einfach in eine Lücke stellen. So ändert sich das Gartenbild auf eine ganz eigene Art und Weise. Zudem nutzen Sie wirklich jedes Fleckchen optimal.

Farbskala für ausgewählte Sommerblumen und Stauden

Weiß: Myrtenaster (Bild), Ziertabak, Ballonblume, Schleierkraut
 IX–X

Violett: Feinstrahlaster, (Bild), Eisenkraut, Sommersalbei, Duftsteinrich, Glockenblumen, Katzenminze.
 VI–VII / VII–X

Blau: Storchschnabel (Bild), Rittersporn, Ehrenpreis, Bleiwurz, Mehlsalbei, Männertreu.
 VI–VII

Rosa: Sommeraster (Bild), Löwenmäulchen, Flammenblume, Schlangenkopf, Trompetenblume, Leinkraut.
 VII–IX

Rot: Klatschmohn (Bild), Zinnie, Brennende Liebe, Lupine, Indianernessel, Spornblume.
VI–VIII

Gelb: Wolfsmilch (Bild), Studentenblume, Sonnenhut, Ringelblume, Sonnenblume, Mädchenauge.
IV–VIII

Das Treiben der Blätter – Formen, Struktur und Farbe

Bei Stauden spielen die Blätter eine ganz entscheidende Rolle, was die Gestaltung anbetrifft. Schließlich zieren die Pflanzen mit ihren Blättern fast das ganze Gartenjahr über die Beete, während ihre Blütezeit dabei nur eine relativ kurze Zeitspanne ausmacht. Also muß man gerade im kleinen Garten auch auf eine malerische Form und Anordnung bei jeder einzelnen Staude achten. Auch sollte man die Kombination mit viel Bedacht wählen. Hübsch sehen Beete mit gleichtonigen Blättern aus, wenn diese Graublau oder Rotbraun gefärbt sind. Damit nun das Bild nicht eintönig wirkt, wählt man möglichst Formen aus, die einen Kontrast darstellen. Also runde Blätter mit schmalen, lanzettförmigen abwechseln, herzförmiges Laub neben fingerförmig zerteilten Blättern plazieren. Ein Akzent im grünen Blattteppich sind gelb- oder weiß-grün gezeichnete Blätter. ■

Die Funkien haben unter den Stauden sowohl als Blütenpflanzen als auch als Blattschmuck eine wichtige Bedeutung. Die herz- bis lanzettförmigen Blätter zeigen ein breites Spektrum an Grüntönen und Panaschierungen. Die richtige Wahl zu treffen, ist dabei nicht unbedingt einfach.

Farne blühen zwar nicht, entschädigen uns aber umso mehr durch ihre filigranen, kunstvollen Blätter, die besonders im Gegenlicht schön zur Geltung kommen. Farne sind anspruchslos und begnügen sich auch mit den schattigen Ecken im Garten.

 Natur Buch

So wie duftende Blüten am Wegesrand zu einer kleinen Pause verleiten, können auch Blätter für Aufmerksamkeit sorgen. Wollig behaarte Blätter, wie die der Königskerze und des Wollziests wollen immer wieder gestreichelt werden.

Sommerblumen mit besonderem Laub

Wenige pinkfarbene Weiderichblüten zieren diese Rabatte. Und doch wirkt das Muster aus Bambus, Funkie, Salomonsiegel, Dreimasterblume, Purpurglöckchen und den Farnen malerisch.

Der Frauenmantel wird zu einem besonderen Blattschmuck, wenn sich die sogenannten Guttationströpfchen auf die Spitzen des gezähnten Blattes setzen. Solche Details spielen besonders im kleinen Garten eine große Rolle.

 *Das silbergraue Laub des Kreuzkrautes belebt Pflanzungen und setzt interessante Akzente im Blumenbeet.*
 20–30 cm

 *Der wollige Ziest trägt ovale, wollige, graue Blätter und blüht selten. Eine Beetpflanze für den Vordergrund.*
 15 cm

  *Schwarznesseln werden bevorzugt wegen ihrer gesägten, rötlich purpurfarbenen Blätter gepflanzt.*
20–30 cm

 *Das besondere an der Panaschierten Kapuzinerkresse: die weißgrün gezeichneten Blätter.*

Die Multitalente für blütenreiche Problemlösungen

Ob rankend oder schlingend – Kletterpflanzen können sich als ganz emsige Helfer bei der Gartengestaltung erweisen. Man muß sie dazu nur an den richtigen Ort bringen und hin- und wieder lenkend eingreifen. Aber ansonsten schaffen Sie es spielend, Wände zu begrünen und Dächer zu decken. ■

1

4

5

1 Die Säule am Carport oder die Stütze eines Balkons sollte nicht ungenutzt bleiben. Eine Kiwi wächst schnell, und wenn der Standort sonnig und geschützt ist, können Sie sogar im November Früchte aus eigener Ernte von den Trieben pflücken.

2 Je-länger-je-lieber schmückt mit Blüten und später im Jahr auch mit Früchten diese halbschattige Sichtschutzwand an der Terrasse. Dabei wirken die duftenden Blütendolden zart und sehr natürlich.

3 Schuppenförmig legen sich die Blätter der Pfeifenwinde über die Holzkonstruktion. Leichte Sommerregen können einem den Spaß eines lustigen Abends nicht verderben. Das Laub hängt noch spät im Jahr am Holz.

4 Der Traum vom Süden – wenn Sie im Frühsommer diesen Weg entlang gehen, können Sie sich am Duft des Blauregens berauschen. Platzsparend und prachtvoll entsteht hier ein Raumteiler.

3

2

6

Kletterpflanzen mit Blütenschmuck

Kletterrosen werden unterteilt in Rambler und Climber. Rambler blühen nur einmal. Climber blühen mehrmals.
✿ *VI–VIII*

Blauregen: Sehr stark wachsender Schlinger, braucht eine stabile Rankhilfe (niemals Bäume).
✿ *IV–V*

Je-länger-je-lieber: Windende Kletterpflanzen mit intensiv duftenden Blüten, wird je nach Art bis zu 7 m hoch.
✿ *V VII*

Clematis: Unter den vielen Sorten ist die C. viticella besonders robust.
⬚ *7 m*
✿ *VII–IX je nach Sorte*

Knöterich ist die ideale Kletterpflanze für ungeduldige Gärtner. Langanhaltende Blüte und starkwüchsig.
✿ *VI–IX* ⬚ *10 m*

Clematis 'Mme. Le Coultre': Hier unterscheidet man die großblumigen Hybriden und die kleinblumigen Wildarten.
✿ *IV–IX*

5 *Selbst ein schmales Rankspalier reicht aus, damit die Clematis ihre schönen Blütensterne entfaltet. Eine solche Konstruktion kann den Wegesrand auflockern oder auch Schatten für einen Sitzplatz dahinter spenden.*

6 *Ein Arbeitsplatz zum Umtopfen, Säen und Pikieren ist äußerst nützlich. Damit sich der kleine Tisch harmonisch in die blumige Umgebung einfügt, lassen Sie die seitlichen Wände mit einer Kletterhortensie einwachsen.*

So läßt sich der Sommer genießen. Inmitten der reichen Blütenpracht entspannet es sich gut.

Wohnen im kleinen Garten

Der Garten ist ganz unabhängig von seiner Größe ein Raum, in dem der Mensch lebt. Hier will man sich wohlfühlen, sich entspannen und die Natur genießen – am liebsten ganz unabhängig vom Wetter. Kleine Gartenhäuser, lauschige Eckchen und praktische Kleinigkeiten wie ein Stromanschluß sorgen dafür, daß das Reich unter freiem Himmel zu einem behaglichen Refugium wird. Sie sollten jedoch nicht die Bepflanzung außer Acht lassen, damit sich eine harmonische Gesamtgestaltung ergibt.

| siehe auch Seite 27

Stilfragen und Details sollten Sie mit Fingerspitzengefühl abwägen. Accessoires und dekorative Elemente schaffen Blickfänge, die auch an einem trüben Novembertag ein Lichtblick sind. ■

Hinsetzen und Wohlfühlen

Sie gehen in den Garten, suchen sich ein Plätzchen zum Sitzen und entspannen – lassen Sie die Seele

des Bambus oder der betörende Duft von Rosen.

Das gewisse Etwas

Die Gartenanlage und die Pflanzen, die darin wachsen, geben dem grünen Zimmer eine persönliche Note. So richtig Pfiff bekommt der Garten aber auch durch Details – mit Witz und Liebe arrangiert. Ein Spiegel in der mit Efeu bewachsenen Sichtschutzwand sorgt beispielsweise

Munter paddelt das Windrad in der Luft und sorgt für Leben im Garten – vorausgesetzt es windet ein wenig.

baumeln. Fünf bis zehn Minuten reichen aus, um einfach einmal abzuschalten und frische Kräfte zu tanken. Am besten können Sie das an einem Lieblingsplatz: Bequemes Sitzen und Schatten oder Sonne nach Belieben gehören genauso dazu, wie das Rauschen

Eine alte Schwengelpumpe lockt Besucher und Kinder an, selbst wenn sie kein Wasser fördert. Gleichzeitig ziert sie die Beete.

dafür, daß der Betrachter sich mit dem Gartenbild auseinandersetzt und beschäftigt. Ebenso kann man vor einer Rosenkugel stehend stundenlang die Spiegelbilder betrachten oder sich von Plätschern eines Sprudelsteines in den Bann ziehen lassen.

Das A und O für solche Spielereien: Man muß ein Mittelmaß finden, damit die Anregungen nicht

Wasser ist eines der beliebtesten Elemente im Garten, denn sein Plätschern wirkt beruhigend.

dazu führen, daß der Garten vollkommen überladen ist. Das kribbelnde Gefühl einer unvorhergesehenen Überraschung zeichnet die kleinen Ideen aus.

Gartenmöbel als Schmuckstücke

Bänke, Stühle und Tische für den Gartengebrauch gibt es in allen erdenklichen Stilrichtungen und aus den verschiedensten Materialien. Sie fügen sich wundervoll in die Gartenbepflanzung ein und können so die Gesamtplanung abrunden. Eine Steinbank im Blumenbeet zwischen rosa Malven und roten Rosen lädt dazu ein, mal eine Pause zu machen und ganz neue Gartenbilder zu entdecken. Der weiße Holzstuhl im Friesenstil vor der Hecke gibt dem Gartenweg ein Ziel und gleichzeitig die Möglichkeit, daß Sie vom Alltagstrubel einmal abschalten. Wichtig: Die Gartenmöbel, die das ganze Jahr über im Freien stehen, müssen witterungsbeständig sein. Hartholz, Eisen und Stein sind besonders empfehlenswert. Weniger gut eignen sich Korb- und Rattanmöbel. ■

Ob eine lustige Runde unter dem Sonnenschirm oder ein ruhiges Plätzchen auf dem Steg – es ist keine Frage der Größe des Gartens, ob jeder ein Fleckchen findet, an dem er sich entspannen kann.

Ecken und Eckchen
für gemütliche Stunden

Wenn Sie einen Sitzplatz im Garten planen, so müssen Sie sich zuerst fragen, wie der Platz genutzt werden soll? Wer gerne mit Freunden und der Familie die Freizeit im Garten verbringen möchte, benötigt einen größeren Platz, auf dem Tisch und Stühle unterkommen. Wer dagegen lieber mal ein Buch im Garten lesen möchte oder gerne abschalten will, der braucht ein lauschiges, abgeschiedenes Fleckchen. Je intensiver Sie den Sitzplatz nutzen, desto wichtiger ist ein fester, pflegeleichter Bodenbelag, z. B. aus Naturstein oder Betonplatten. Zudem sollten Sie darauf achten, daß Tisch und Stühle sicher auf dem Untergrund stehen.

siehe auch Seiten 26/27

Der Rasen eignet sich nur in Ausnahmefällen für einen Sitzplatz. Zum einen sind die Gebrauchsspuren meist mehrere Wochen sichtbar, und zum anderen bohren sich Stuhlbeine nur allzuleicht in den Boden, so daß der Stuhl leicht kippelt. Der Untergrund wird auf die Dauer uneben.

Ideal ist ein sonniger Gartenteil, so können Sie wahlweise einen Schirm aufspannen oder bei etwas bewölktem, kühlem Wetter die Sonnenwärme nutzen. Mit Sichtschutzwänden läßt sich der Lieblingsplatz etwas verschwiegener gestalten und vor neugierigen Blicken schützen.

Wem Lamellenzäune zu kalt und unfreundlich sind, der kann Efeu

Die Hängematte ist der Inbegriff des süßen Nichtstuns. Viel braucht's nicht zum Gartenglück.

als immergrüne Kletterpflanze daran emporranken lassen. Hinsichtlich des Kleinklimas an einem Sitzplatz sollten Sie beachten, daß dunkle Steine sich

Auch im kleinsten Garten findet sich ein Eckchen für einen schönen Sitzplatz im Grünen.

während des Tages gut erwärmen und in den Abendstunden immer noch für angenehme Temperaturen sorgen. Seitliche Wände stellen gleichsam einen Schutz dar, wenn es mal windig ist. Berücksichtigen Sie dies vor allem, wenn der Sitzplatz auf einer kleinen Anhöhe liegt. ◼

Sitzplätze nach Maß

Gemütlich aber nicht beständig

Rattanmöbel sollten bei feuchter Witterung nicht unter freiem Himmel stehen. Wer keinen Unterstand für solche Stühle hat, sieht besser davon ab. Zum Säubern bürstet man das Geflecht mit einer warmen Seifenlauge ab, läßt es trocknen und trägt spezielle Pflegemittel gegen das Verspröden auf.

Stauraum im Gartenhaus

Das Häuschen mit der blauen Tür leuchtet durch den Gemüsegarten. Es bietet Stauraum für Gartengeräte und allerlei Utensilien, die man für's Ernten und Reinigen von Gemüse und Obst gebrauchen kann. Praktisch: ein Wasseranschluß direkt am Gartenhaus.

Märchenhaft verträumt

Ein Rosenbogen bietet sich sehr gut für einen romantischen Sitzplatz an. Achten Sie bei der Auswahl der Rosen darauf, daß sie öfterblühend sind, gut duften und reichlich Knospen bilden.

Materialmix

Kombinationen aus Holz und Metall sind dekorativ und robust. Sie können den ganzen Sommer über im Freien stehen. Achten Sie aber darauf, daß das Metall eine gleichmäßige Lackoberfläche hat und das Holz sauber verarbeitet ist.

Die Anforderungen an die Größe und Lage des Gartensitzplatzes hängen zunächst einmal von Ihren eigenen Bedürfnissen und Vorstellungen ab. Machen Sie sich Ihre Wünsche klar und gehen Sie bei der Planung darauf ein. Achten Sie auch auf die Bequemlichkeit der Gartenmöbel und wägen Sie gut zwischen praktischen und ästhetischen Gesichtspunkten ab. ■

Des Gärtners Arbeitsplatz

Unter der Pergola finden emsige Hobbygärtner immer noch ein Eckchen zum Säen, Pikieren und Umtopfen. Die Arbeitsutensilien hat man an diesem Platz immer alle beisammen.

Ideal für laue Sommerabende

Wer solch eine Pergola im Garten hat, wird nicht lange nach einem Grund zum Feiern suchen, sondern einfach so oft es geht die lauen Sommerabende genießen. Eine Pergola bietet tagsüber einen Schutz vor der Hitze, da es unter dem Blätterdach immer angenehm mild ist.

Diplomatisch

Mit Topfarrangements binden Sie die Gartenbank harmonisch in die Gartenanlage ein. Ihre Lieblingsblumen können Sie hier in aller Ruhe betrachten.

Edler Blickfang

In diesem Gartenhäuschen sitzt man geschützt. Und mit einer warmen Decke lassen sich hier selbst kühle Tage genießen. Der eigenwillige Stil dieser Holzkonstruktion fügt sich in eine klar strukturierte Gartenanlage gut ein.

Grüne Dächer
aus dichtem Blattwerk

Die älteste Form eines überdachten Sitzplatzes ist die Laube. Sie schützt durch ein verzweigtes Astsystem und ihre Blätter. Diese natürlichen Bauwerke fügen sich in jeden Garten ein und haben einen eigenen Reiz. Doch die Schönheit braucht Geduld, bis sich aus den Bäumen eine geschlossene Kuppel gebildet hat. Außerdem müssen die Pflanzen anfangs viel geschnitten werden, damit sie in der gewünschten Form wachsen können. Aus folgenden Gehölzen können Sie eine Laube wachsen lassen: Weißdorn, Goldregen, Hainbuche, Buche und Eibe.

Vor der Pflanzung zeichnen Sie sich die Grünfläche auf den Boden oder stecken sie mit Stöcken ab. Anschließend wird dann die Unterkonstruktion, die möglichst aus Eisen sein sollte, im Boden fest und sicher verankert. Als letztes werden in regelmäßigen Abständen die Bäume gepflanzt. ■

Tips zum Schneiden von Lauben

Wer eine Laube aus Gehölzen wachsen läßt, braucht zum einen Geduld, zum anderen aber auch Erfahrungen im Schneiden von Gehölzen. Grundlage für ein solches Laubendach ist eine solide Eisenkonstruktion. An diesem System wird analog das Astwerk entlang gezogen. Überflüssige Triebe werden eingekürzt. Daraufhin befestigen Sie die Zweige so, daß sich die Zwischenräume schließen. Ein dichter Wuchs wird angeregt, indem Sie die Spitzen immer wieder einkürzen. Eine Laube muß wie eine Formschnitthecke ein bis zweimal im Jahr gestutzt werden.

Mit wohlschmeckenden Früchten

Seit altersher wird die Weinrebe zum Begrünen von Pergolen verwendet. Die langen Triebe werden dabei über die Dachkonstruktion aus Holzbalken gelegt. Die Trauben mit den Weinbeeren hängen dann lang und verlockend herunter. Auf diese Art und Weise bauten bereits die Römer ihre Pergolen in den Weinberge. Bei richtiger Sortenwahl und sachgemäßer Pflege kann die Wenrebe in klimatisch günstigen Gegenden durchaus beachtliche Erträge bringen.

Ein Klassiker *Die Hainbuche gehört zu den Klassikern der Form-schnittgehölze und wird schon lange dazu verwendet, Lauben zu erziehen. Im Innern stellt man weiße Gartenmöbel auf, denn das Blätterdach läßt wenig Licht hinein. Die helle Farbe von Möbeln reflektiert das Licht, so daß es nicht zu düster darin wird.*

Natur Buch
Tip

Auch aus Weidenruten lassen sich ganz leicht Lauben und Wigwams bauen. Die frischen, biegsamen Ruten werden vor dem Austrieb im Frühjahr gesammelt. Sie sollten gleich-mäßig stark sein. Man steckt sie kreisförmig in die Erde und verbindet die Spitzen mitein-ander. Nun werden in gleich-mäßigem Abstand noch waage-recht drei bis vier Ruten einge-flochten. Der Eingang wird frei gelassen. Die Weidenruten schlagen im Laufe des Früh-jahrs aus und bilden in der Erde Wurzeln. Die neuen Zwei-ge werden immer wieder verwoben, so daß eine dichtes Häuschen entsteht.

Romantische Laube
Wie Schuppen liegt das Laub der großblättrigen Pfeifenwinde über-einander. Diese Kletterpflanze bildet eine dichte Laube, wenn man die Triebe über ein entspre-chendes Gerüst wachsen läßt. Vorteil: Sie müssen nicht so viel schneiden und das Laub haftet lange an den Trieben.

Das Tüpfelchen auf dem *i*

Not macht erfinderisch. Das ist im kleinen Garten nicht nur wichtig, um möglichst viele Wünsche realistisch umzusetzen, sondern auch um das Zimmer im Grünen möglichst häufig nutzen zu können. Die ausgeklügelten Ideen machen aus dem Garten gleichzeitig ein einmaliges Paradies, in dem es immer etwas zu entdecken gibt.

| siehe auch Seite 11

Überlegen Sie, welche Ideen sich kombinieren lassen. Übrigens: Einem bereits durchgestylten Garten, den Sie beim Wohnungswechsel übernehmen, können Sie mit kleinen Aha-Effekten Ihre persönliche Note verleihen. Das vorhandene Gartenhäuschen verbergen Sie z. B. unter Knöterich. Den Gartenteich verwandeln Sie in einen Sandkasten. So ersparen Sie sich eine Grunderneuerung der Anlage und können trotzdem eigene Vorstellungen realisieren. ∎

Zwei in einem

Wer sich ein kleines Häuschen in den Garten stellt, der sollte den Platz davor gleichzeitig als Terrasse befestigen. Denn so kann man zum einen die Gartenmöbel ohne große Umstände sofort geschützt unterbringen, zugleich aber auch bei trübem und regnerischem Wetter im Innern des Häuschens Ruhe und Zuflucht suchen. Sowie die Sonne da ist, setzt man sich wieder heraus.

Der Garten auf dem Dach

Der Gärtner opfert seinen kostbaren Platz nur ungern für ein Häuschen zum Sitzen oder als Stauraum für Geräte. Folgende Idee macht die Entscheidung leichter: Das Dach wird von einem grünen Mantel überzogen. Eine Dachbegrünung mit Fetthenne und Gräsern läßt sich auf einem nur wenig geneigten Dach leicht aufbauen. Auch Schnittlauch gedeiht hier sehr gut.

China-Schilf mobil

Wer wünscht sich nicht manchmal ein verschwiegenes Eckchen ganz für sich allein? Pflanzen Sie China-schilf in große Mörtelwannen aus Plastik. In den Boden werden einige Löcher gebohrt, dann breitet man eine 3 bis 5 cm hohe Dränageschicht auf dem Boden aus. Darauf gibt man eine nährstoffreiche Blumener-de. Am besten gleich Langzeitdün-ger (z. B. Osmocote) untermischen. Nun pflanzen Sie das China-Schilf im Abstand von 50 cm. Die Wannen lassen sich auf einem Rolluntersatz leicht auf der Terrasse bewegen. Hier finden Sie hinter den hohen Grashalmen Ruhe.

Lichtblicke

Wer am Sitzplatz eine Lampe installiert, der kann dort bis tief in die Nacht feiern oder einfach die Sommerluft genießen. Wichtig für Lampen am Sitzplatz: Die Strahler sollten indirekt ausgerichtet sein, damit das Licht nicht blendet und die Stimmung ungemütlich wird. Außerdem niemals die Lampen in Augenhöhe (weder sitzend noch stehend) aufstellen. Wenn die Lampen zu nah am Sitzplatz sind, können sie auch Mücken anlocken. Dadurch wird es nicht gemütlicher.

Beim Verlegen elektrischer Leitungen im Garten sollten Sie folgendes beachten:

- *Die Lage der Kabel in einem Gartenplan einzeichnen, damit man sie bei Reparaturen schnell finden kann.*

- *Am einfachsten ist es, die elektrischen Leitungen am Wegesrand, an der Terrasse und den seitlichen Gartengrenzen entlang zu führen. Diese Stellen merkt man sich leicht und paßt beim Umgraben entsprechend auf, um nichts zu beschädigen.*

- *Kabel sollten grundsätzlich in Leerrohren verlegt werden. So werden sie vor Beschädigungen geschützt.*

Der Steinmann kauert in der Sonne und gibt dem Garten einen persönlichen Stil. Die Ruhe, die er zum Ausdruck bringt, überträgt sich auf seine Umgebung.

Gartenschmuck raffiniert eingesetzt

Rosenkugeln, Windräder, Skulpturen und vieles mehr sind auch im kleinen Garten ein willkommenes Intermezzo. Dabei können diese Elemente mit unterschiedlicher Absicht eingesetzt werden: Eine gußeiserne Vase im viktorianischen Stil unterstreicht beispielsweise die formale Note, die Sie Ihrem kleinen Gartenreich gegeben haben. Gleichzeitig sorgt das Gefäß für einen Pol der Ruhe mitten im Pflanzenreigen und darf ein Blickfang sein, an dem sich das Auge ausruhen kann.

Dagegen kann ein Holzvogel in kräftigen Regenbogenfarben das einheitliche Dunkelgrün einer Heckenkulisse auflockern.

Die kleine bronzefarbene Sonne, die auf einem Metallstab zwischen den Ringelblumen blinkt, versucht Aufmerksamkeit zu erregen. Die rosafarbene Glaskugel verstärkt im Beet mit graulaubigen

Stauden dagegen die rötliche Note. Mit solchen Elementen können Sie sehr gut üben, um Farbeffekte zu perfektionnieren.

▌siehe auch Seiten 44/45

Außerdem helfen Sie der Farbigkeit des Gartens auf die Sprünge, wenn gerade einmal nicht so viele Pflanzen blühen.

Ebenso können Sie mit kleinen Schmuckstücken leicht und schnell von Ecken ablenken, die in einer weniger dekorativen Phase sind. Wenn beispielsweise ein

Töpfe und Schalen mit kleinen Sukkulenten haben sich wie Strandgut am Terrassenrand gesammelt.

kleines, liebevoll arrangiertes Topfgärtchen rechts am Wegesrand für Aufmerksamkeit sorgt, lenken Sie den Blick geschickt von dem verblühten Hibiskus-

Zwischen den Margeriten schillert die Rosenkugel. Sie sorgt für die schönsten Gartenbilder.

strauch auf der der linken Seite. Außerdem kann Gartenschmuck Romantik in den Garten zaubern. Eine Terrakottabüste, die auf dem Gartentisch steht, verwandelt das im Herbst von den Bäumen herabgefallene Laub auf der Tischplatte zu einem malerischen Stilleben. ▪

Mit Liebe zum Detail

Kugeln am Wegesrand

Das starre Verbundmuster der Pflastersteine wird dadurch aufgelockert, daß Steine am Rand herausgenommen wurden. Die entstandene Lücke füllen Sie mit Gartenerde auf.

Baum-Miniaturen

Für dieses Bonsai-Kunstwerk finden Sie bestimmt immer ein Plätzchen, denn es ist trotz seines hohen Alters kaum höher als 30 cm. Wenn man erst einmal ein solches Bäumchen und dessen Schönheit entdeckt hat, fängt man vielleicht sogar an, sich in der Kunst des Bonsai zu üben.

Im Zeichen des Drachen

Der rotbraune Drache gibt der Bepflanzung einen deutlich asiatischen Touch. Außerdem bleibt die Bepflanzung auch nach der Rhododendronblüte interessant und strukturiert.

Sanftes Plätschern

Sprudelsteine lassen sich mühelos auch im kleinsten Eck unterbringen. Sie bilden kleine Oasen der Ruhe und laden ein zum Meditieren. Eine Pumpe ist hier unerläßlich! Kaufen Sie einen vorgebohrten Stein oder lassen Sie sich vom Steinmetz beraten.

Sie können Ihren Garten schlicht und pflegeleicht planen, ohne daß es ihm dadurch an einem gemütlichen Flair fehlt.

Viele der Arrangements, mit denen Sie Ihren kleinen Garten schmücken, zieren unabhängig von den Jahreszeiten, auch wenn alles verblüht ist. Vor allem im Winter sind die Farbtupfer eine Wohltat für das Auge. Beachten Sie jedoch, daß sich auch die Raf- finessen irgendwann abnutzen und langweilig werden. Deshalb sollte man hin und wieder Platz für etwas Neues schaffen, oder einfach einmal den Standort wechseln. ■

Frühlingslaune

Wer in den Beeten zuwenig Platz für Zwiebelblumen hat, der arrangiert sich einfach eine kleine Blumenwiese in einer Terrakottaschale. Tulpen, Traubenhyazinthen, und Ranunkeln sorgen für kräftige Farbkleckse.

Lautloses Gezwitscher

Farbenprächtig zeigt sich der Holz- vogel zu jeder Jahreszeit im Geäst der Sträucher. Wählen Sie einen Platz aus, wo man den Phantasievogel auch aus der Ferne entdecken kann.

Verblüffende Ähnlichkeit

Dieses weiße Huhn aus Ton sieht seinen gackernden Vorbildern verblüffend ähnlich. Im Polsterphlox sorgt es für eine hübsche Farbkom- bination und eine dezente Auflocke- rung. Wichtig bei solchen Objekten: Ton und Glasur sollten frostfest sein. Anderenfalls müssen sie im Winter an einen geschützten, trockenen Platz gestellt werden.

Klare Linie zwischen Wiesenblumen

Diese kleine Brücke auf der Wiese gibt dem Naturgarten eine wunder- schöne Struktur. Durch die zarte grüne Farbe fällt sie nur wenig auf. Der elegante Schwung des Geländers sorgt für Aufmerksamkeit.

Lockmittel für gefiederte Schönheiten

Eine kleine Vogeltränke neben der Terrasse schafft nicht nur einen gefälligen Übergang vom Plattenbe- lag zur Bepflanzung, sondern lockt auch jede Menge Singvögel an.

Feucht-fröhliche »Minioasen«

Wasser übt auf viele eine große Faszination aus. Dabei spielt die Größe einer Wasserstelle keine so bedeutende Rolle, als daß man im kleinen Garten darauf verzichten muß. Ein altes Weinfaß oder ein kleines Becken reichen durchaus. Sie müssen sich jedoch entscheiden, was Ihren Vorstellungen und Wünschen am nächsten kommt: Ist es das Plätschern einer Fontäne, sind es die gespiegelten Wolken auf einer glatten Wasseroberfläche, meditieren Sie lieber vor einem blubbernden Mühlstein, oder suchen Sie am Feuchtbiotop mit seinen schillernden Libellen die Schönheit der Natur.

Wenn Sie sich für bewegtes Wasser entscheiden, brauchen Sie eine Pumpe. Diese muß in den Wintermonaten frostfrei gelagert werden. Am besten ist es, sie in einem wassergefüllten Behälter in den Keller zu stellen, damit die Dichtungen nicht verspröden.

Alte Holzfässer sind ideale Gefäße für kleine Teiche. Hübsch wirkt es, wenn Sie nicht nur ein Faß, sondern zwei oder drei als Gruppe arrangieren, wobei diese unterschiedlich hoch sein sollten. In die Fässer setzen Sie Wasserpflanzen, wobei Sie am besten Körbe aus dem Teichbedarf verwenden. Als Standort eignen sich halbschattige Plätze, da Sie so das Algenwachstum zügeln können.

Wenn das Wasser aus einem Findling plätschern soll, muß dieser angebohrt werden. Dazu sollten Sie aber die Hilfe eines Fachmannes in Anspruch nehmen, damit der Stein nicht springt. Rund um den Stein legen Sie ein Wasserbecken an, in dem sich das Wasser sammeln kann. Darunter wird auch die Technik versteckt, die es antreibt. Die Seiten des Wasserbeckens bepflanzen Sie mit Sumpfblumen wie Gauklerblume und Sumpfdotterblume.

Seerosen für Kübel und Bottiche

Nymphaea pygmaea 'Alba'
Nymphaea pygmaea 'Helvola'
Nymphaea pygmaea 'Rubra'
Nymphaea 'Graziella'
Nymphaea 'Maurice Laydeker'
Nymphaea laydekeri 'Liliacea'
Nymphaea laydekeri 'Purpurata'
Nymphaea candida
Nymphaea 'Berthold'
Nymphaea 'Indiana'

Wer Seerosen in einen Bottich pflanzt, sollte sich nach kleinbleibenden Formen umsehen. Geeignet ist Nymphaea pygmaea.

Wie ein Faden spritzt die Wasserzunge aus dem Froschmaul. Eine Pumpe ist unerläßlich, am besten eignet sich eine solarbetriebene.

Seerosen erfordern einige einige Erfahrung. Doch lassen Sie sich nicht abschrecken: Wenn Sie alles richtig machen, können Sie sich lange an den Blüten erfreuen. Geeignete Gefäße sind Fässer, Bottiche und Zuber. Sie können aber auch einen eigenen Miniteich anlegen. Die Pflanztiefe sollte mindestens 30 cm betragen. Ideale Pflanzzeit ist April und Juni. Die Seerosen werden in Gitterkörben eingesetzt.

Empfindliche Sorten sollten den Winter über in einen Teich gesetzt oder im Haus überwintert werden. ■

Flexibel im Kübel

Wunderschöne Exoten gedeihen im Sommer prachtvoll in den sonnigen Gartenteilen, wobei Sie die Schönheiten mit dem südlichen Flair am besten in Kübeln kultivieren. Dabei übernehmen die Kübelpflanzen aber nicht nur dekorative Funktion durch reichen Blütenschmuck, sondern auch eine gestalterische als Blickfang oder Sichtschutz.

| siehe auch Seite 13

Mit Hilfe von ausgefallenen Gefäßen können Sie eine stimmungsvolle Atmosphäre schaffen. Wenn Sie sich für Kübelpflanzen entscheiden, sollten Sie auch unbedingt einen geeigneten Platz zum Überwintern haben und einige Regeln einhalten. Schließlich sind die Exoten, die man im Fachhandel bekommt, meist recht groß und auch zu teuer, um sie schon nach einer Sommersaison einfach wegzuwerfen. ■

Mehrere Töpfe nebeneinander gestaffelt lockern das Gartenbild auf und runden Ecken an der Terrasse oder am Gartenweg ab. Dabei können Sie nicht nur südländische Exoten in Gefäßen heranziehen, sondern auch Buchsbäumchen, die mit der Schere in Form gehalten werden. Der Vorteil: Die immergrünen Sträucher sehen auch in den Wintermonaten schön aus.

Das Indische Blumenrohr gehört zu den Kübelschönheiten, die Sie recht platzsparend überwintern können. Die Knollen ziehen nämlich im Herbst ein. Sie entfernen dann das trockene Laub und stellen das Gefäß an einen dunklen, frostfreien Ort. Die Temperatur sollte nicht über 10 °C liegen. Auf diese Weise lassen sich auch Engelstrompete, Schmucklilie und Korallenstrauch überwintern.

Schöne Kübelpflanzen

 Im kalkarmen Substrat halten es die Hortensien gut im Topf aus. Hell oder dunkel bei 4–8 °C überwintern.

 Die Gewürzrinde blüht von Juli bis Oktober. Sie wird bis zu 3 m hoch. Frostfrei und Dunkel überwintern.

 Überall erhältlich ist die Strauchmargerite. Sie blüht den ganzen Sommer hindurch. Hell bei 5–10 °C überwintern.

Oleander ist die klassische Kübelpflanze. Für eine reiche Blüte ist es wichtig, daß Sie beim Zurückschneiden im Herbst nicht die Blütenansätze an den Triebspitzen entfernen. Immer nur alte Triebe von unten aus dem Busch herausnehmen.

 Die Engelstrompete trägt duftende, trichterförmige Blüten in weiß bis Lachs. Hell bei 4–12 °C überwintern.
 VII–IX

Bambusbüsche werden gut 2 m hoch und können so optimalen Sichtschutz bieten. Zudem regt das Rauschen der frischgrünen Blätter zum Meditieren und Verweilen an. Wichtig: Der Wurzelballen sollte möglichst nicht austrocknen.

 Die Bougainvillea bringt südliches Flair in den Garten. In unseren Breiten muß sie überwintert werden.

Ein immergrüner Saum aus Buchsbaum macht aus einem einfachen Gemüsebeet eine ländliche Rabatte, in der sich Zwiebeln, Kohl, Salat sowie Bohnen und Möhren durchaus sehen lassen können.

Klein und fein –
das Nutzgärtchen

Wenn der Garten klein ist, dann muß auch der Nutzgarten etwas herausgeputzt werden. Die Farben und Blattformen von Salaten spielen ebenso eine wichtige Rolle wie die Früchte der Tomaten und die Form der Obstgehölze.

siehe auch Seite 34

Außerdem mischen sich Zier- und Nutzgarten immer stärker, denn warum sollte der Borretsch mit seinen wasserblauen Blüten nicht einfach zwischen Rosen oder Stauden rutschen? Schließlich kann er mit der Schönheit der Rabattenpflanzen allemal mithalten. Und wenn dann der Platz gar nicht reicht, müssen sich die kleinen Verführungen aus dem Gemüsegarten eben in die Höhe begeben. Tomaten und Erdbeeren gedeihen in der Ampel oder im Kübel gar nicht so schlecht. ■

Auf gute Nachbarschaft

Beim Gemüse muß man sich etwas auskennen. So ist es notwendig, zu wissen wie lange eine Art bis zu Ernte wachsen muß und

Ringelblumen und Tagetes mischen sich unter das Gemüse. Dadurch bekommt das Beet ein freundliches Gesicht mit vielen bunten Farbklecksen.

welche Nährstoffe sie braucht. Man sollte dies für eine optimale Ausnutzung des Platzes ebenso gut wissen, wie die Boden- und Standortansprüche. Die langlebigen Gemüsearten, die also mehrere Monate auf den Beeten stehen, werden Hauptkulturen genannt. Sie sollten nur alle drei Jahre an derselben Stelle gepflanzt werden. Die kurzlebigen

Arten, die sogenannten Vor-, Nach- und Zwischenkulturen dagegen, sollten lediglich nicht in aufeinanderfolgenden Jahren im gleichen Beet gepflanzt werden. Neben diesen Fruchtwechselfaktoren spielt aber auch die gegenseitige Verträglichkeit der Gemüsepflanzen eine wichtige Rolle. So gedeihen beispielsweise Möhren besonders gut, wenn sie neben Zwiebeln stehen. Dagegen sollten Buschbohnen und Erbsen nicht

Stangenbohnen sind nicht nur wunderbare Gemüsepflanzen, sondern ranken auch schnell an Sichtschutzelementen in die Höhe und schaffen auf diese Art und Weise grüne Wände.

Starkzehrer
Chicorée, Gurke, Kohlarten, Kürbis, Lauch, Mangold, Paprika, Sellerie, Tomate, Zucchini

Mittelzehrer
Aubergine, Kartoffel, Kohlrabi, Möhre, Rettich, Rosenkohl, Rote Bete, Salatarten, Schwarzwurzel, Zwiebel

Schwachzehrer
Bohne, Erbse, Feldsalat, Knollenfenchel, Radieschen, Speiserübe, Spinat, Winterendivie, Kräuter

zu nahe nebeneinander gepflanzt werden.

Hierzu finden Sie in der Fachliteratur Tabellen, die Auskunft geben, welche Nachbarn im Gemüsegarten gut miteinander auskommen. Wer Neuland in Sachen Nutzgarten betritt, der sollte seine Bepflanzung am besten auf dem Papier planen, damit er die Übersicht behält. ◼

Tip Natur Buch

Spinat, Mangold, Rote Bete und Melde dürfen nicht hintereinander an derselben Stelle stehen. Sie sind selbstunverträglich. Bei Kohlgewächsen, Rettich und Radieschen ebenso verfahren, damit sich die Kohlhernie nicht ausbreitet. Übrigens: Lassen Sie ruhig mal einen Salatkopf schießen. Die wundervollen Kegel, die sich da plötzlich im Beet aufbauen, ersetzen manches wertvolle Accessoire.

Im Frühbeet reifen bereits ab März Salat, Kohlrabi und Kräuter heran.

Zwei, die sich gut vertragen: Salat und Zwiebeln gehören zu den günstigen Kombinationen im kleinen Nutzgarten.

Hauptkulturen

Auberginen, Bohnen, Erbsen, Gurken, Kartoffeln, Kohlarten, Kürbis, Lauch, Melone, Möhre, Paprika, Rote Bete, Schwarzwurzel, Sellerie, Tomate, Zwiebel

Vor-, Nach- und Zwischenkulturen

Mangold, Frühkohlrabi, Radieschen, Kresse, Mairüben, Salate, Spinat

Kein Platz für Erdbeeren? Dann setzen Sie in ein schattiges Eckchen einfach Walderdbeeren. Diese sind besonders saftig und aromatisch. Geerntet werden können sie den ganzen Sommer über.

Ein Hochbeet hat im Vergleich zum Hügelbeet einen festen Rahmen. Nicht so sehr der Flächengewinn, sondern vor allem das bequeme Arbeiten macht dieses besondere Gemüsebeet beim Hobbygärtner beliebt.

Wenig Platz und reiche Ernte

Für den kleinen Garten kann man gerade im Bereich des Nutzgartens kleine, wenn auch nicht ganz vollständige Stoffkreisläufe aufbauen. Nährstoffe für die Pflanzen lassen sich beispielsweise über einen Komposthaufen zurückgewinnen. Sie erhalten durch die Kompostmiete aber auch ideales Material für den Winterschutz auf den Blumenbeeten und einen Humuslieferanten, der für eine gute Bodenstruktur sorgt. Auf der Basis von Komposterde können Sie auch hochwertige Topfsubstrate mischen.

Ebenso kann Gemüse sehr gut auf einem Hügel- oder Hochbeet wachsen, dessen Volumen aus den verschiedensten Gartenabfällen aufgeschichtet wird. Dabei profitiert das Gemüse aber nicht nur von den Nährstoffen, sondern auch davon, daß im Inneren der Hügel viele Stoffe umgesetzt werden, wobei Wärme entsteht. Dieses fördert zu einem großen Teil das Wachstum, so daß das Gemüse etwas schneller heranreift.

Außerdem zeigt sich im Nutzgarten, daß man nicht einfach die Pflanzen so setzt, wie es einem gefällt, sondern daß man auch darauf achten sollte, daß die Gewächse ganz unterschiedliche Nährstoffbedürfnisse haben. Wer sich nun genaue Pflanzpläne aus-

Gartenabfälle fallen je nach Jahreszeit in großen Massen an. Mal ist es mehr Unkraut, mal ist es Laub. Doch die richtige Mischung macht es, daß am Ende ein ausgewogener und sehr nährstoffreicher Humus herauskommt.

klügelt, der nutzt nicht nur die vorhandene Fläche optimal aus, sondern sorgt zudem auch für einen sparsamen Nährstoffhaushalt.

Kürbisse und Kompost sind ein perfektes Paar. Während der Kompost die großen Blätter und heranwachsenden Früchte mit Nährstoffen versorgt, schützen die Ranken die Miete vor zu starker Sonneneinstrahlung.

Lassen Sie zunächst einmal alles an Dünger aufbrauchen, bevor Sie für weiteren Nachschub sorgen. Anderenfalls wird durch ein Zuviel an Nährstoffen in das Grundwasser gespült, was auch eine akute Belastung der Umwelt bedeutet. ■

Schritt für Schritt zum Hügelbeet

Schicht-Arbeit

Sorgfalt ist beim Aufbau der einzelnen Schichten geboten. Sie sollten vor allem die etwas sperrige Schicht aus Ästen gut zusammentreten, damit der Hügel möglichst lange eine gleichmäßige Form behält. Zum anderen sind die Hohlräume willkommen bei den Wühlmäusen. Sie müssen, wenn diese Nagetiere in der Nachbarschaft ihr Unwesen treiben, unbedingt einen sehr feinen Maschendraht unter das gesamte Hügelbeet legen. Auch Holunder- und Thujazweige in der unteren Schicht sollen abschreckende Wirkung haben.

Fruchtbarer Hügel

Wenn der Hügel fertiggestellt ist, sollte er möglichst schnell bepflanzt werden, damit nicht beim ersten Regen die oberste Schicht abgespült wird. Als Weg um das Hügelbeet bieten sich Platten oder Lattenroste an.

Erstbepflanzung

In den ersten beiden Jahren führt das überreiche Stickstoffangebot dazu, daß einige Blattgemüse verstärkt Nitrat speichern. Ideal für die Erstbepflanzung sind daher Starkzehrer wie Kohl, Gurken und Zucchini. Wenig Nitrat speichern Paprika, Tomaten und Zwiebeln. Diese eignen sich somit auch als Pionierpflanzen auf dem frischen Hügel.

Gartenabfälle finden auf dem Hügelbeet eine neue Verwendung. In Mengen fällt im Herbst beim Auslichten der Sträucher Zweigmaterial an. Grassoden haben Sie vielleicht von der Neuanlage eines Beetes. Wer für Laub und Staudenreste eine sinnvolle Verwendung hat, der ist darüber bestimmt ganz froh. Und meist kann man auch Komposterde für das Hügelbeet opfern. Wenn nicht, können Sie Ihre Kompostvorräte bei Stadtgärtnereien zu günstigen Preisen auffüllen. Sie sollten aber den eigenen Kompost für das Hügelbeet nehmen, und den fremden für die Beete verwenden. ■

Aller Anfang ist schwer

Da sich die Erdschicht erst langsam mit zunehmender Zersetzung ausbreitet, sollte das erste Gemüse, das gepflanzt wird, nicht zu tief wurzeln. Verwenden Sie am besten bereits vorgetriebene Jungpflanzen und säen Sie die erste Bepflanzung noch nicht aus. So wird der Hügel schneller bewachsen. Dies ist nicht nur für die gute Durchwurzelung und den damit verbundenen Zusammenhalt wichtig, sondern auch für die Beschattung des Erdreichs.

Wässern nicht vergessen

Eine dichte Pflanzendecke ist wichtig für das Hügelbeet, denn einmal ausgetrocknet, ist eine Wiederbefeuchtung sehr langwierig, da das Wasser immer wieder an den Seiten des Hügels abläuft. Rechtzeitiges und regelmäßiges Wässern in Trockenperioden verhindert das Schlimmste.

Sonnenschein optimal nutzen

Ein Hügelbeet sollte grundsätzlich in Nord-Süd-Richtung ausgerichtet werden. So bekommen alle Seiten gleichmäßig Licht und ein optimales und gleichmäßiges Wachstum des Gemüses ist gewährleistet. Anderenfalls würde immer eine Seite des Hügels im Schatten der anderen liegen.

Kleine Abfallwirtschaft mit guten Folgen

Abfall gibt es selbst im kleinsten Garten. Unkraut, Rasenschnitt, Blüten und ähnliches machen Müll, der jedoch nicht zu verachten ist. Schließlich verbergen sich darin viele wichtige Nährstoffe. Deshalb sollten Sie Pflanzenreste nicht einfach wegwerfen, sondern zusammen mit organischen Küchenabfällen kompostieren.

Bei der Verrottung von Gartenabfällen, der Kompostierung, helfen zahlreiche Bodenlebewesen, beispielsweise Bakterien, Pilze und

---

Was nicht auf den Kompost gehört

- alle nicht verrottbaren Stoffe wie Glas, Metall, Porzellan, Kunststoff
- gewachste Pappverpackungen (Milchtüten usw.)
- farbig bedrucktes Papier und Hochglanzpapier
- Öl- und Farbreste
- der Inhalt von Staubsaugerbeuteln
- Knochen, Fisch- und Fleischabfälle (können Ungeziefer anlocken)
- Hunde- und Katzenkot

Alles, was Sie auf den Kompost werfen, sollte gut zerkleinert sein. So wird die Oberfläche vergrößert, und die Zersetzung geht schneller vonstatten.

Der Regenwurm hilft bei der Verwertung des organischen Abfalls. Wenn Sie keine Kompostwürmer haben, können Sie sich diese Zuchtformen kaufen.

Legen Sie sich von Anfang an zwei Kompostmieten an: eine zum Auffüllen mit frischem Material und eine zum Reifen.

Im Thermokomposter verläuft die Rotte viel schneller, denn die isolierten Wände halten die Wärme. Wichtig: Das Abfallgut muß mit einem Starter geimpft werden.

Zum Zerkleinern der Abfälle sollten Sie sich einen Häcksler anschaffen. Diese Geräte zerkleinern sogar Äste und Zweige in Windeseile.

Natur Buch

Stellen Sie Komposter nicht direkt an der Gartengrenze auf. So vermeiden Sie eine Menge Ärger mit Nachbarn, die oft befürchten, daß Ihre Abfallwirtschaft stinkt und Ungeziefer anzieht.

Rhabarberblätter sorgen für Schatten auf dem Kompost. So trocknet das Abfallgut nicht aus und auch die Temperaturen steigen nicht so hoch an, daß die Stoffumsetzung unterbrochen wird.

auch der Regenwurm. Wenn Sie einen neuen Kompost anlegen, sollten Sie immer etwas reife Komposterde dazugeben, um die Umsetzung in Gang zu bringen. Das sorgfältig aufgeschichtete Material braucht etwa acht Monate, bis daraus eine bräunliche Erde entstanden ist. Diese ist noch sehr strukturreich und sollte einmal umgesetzt werden. Dabei sieben Sie das Material. So gelangt wieder Luft an die einzelnen Teile, so daß der Umsetzungsprozeß noch einmal in Gang kommt. Nach weiteren sechs Monaten ist die Erde schließlich reif und kann auf den Beeten verteilt werden. ■

Bequem zu ernten und deutlich mehr Fläche

Ein Hügelbeet ist wie auch ein Hochbeet ebenso ein abgeschlossener Gartenraum, auf dem Gemüse angebaut werden kann. Es eignet sich sehr gut für den kleinen Garten, da es leicht von anderen Bereichen abzugrenzen ist. Sie sollten immer eine Fläche wählen, die in Nord-Süd-Richtung verläuft, damit die Seiten gleichmäßig besonnt sind.

1. Jahr: Nur flachwachsende Gemüsearten finden ein Plätzchen auf dem Hügelbeet. Als Vorkultur können Sie bereits einmal Spinat auf dem Hügel ernten. Die anschließenden Gemüsearten sollten möglichst gepflanzt werden, damit sie schnell dafür sorgen, daß die oberste Erdschicht festgehalten und nicht bei stärkeren Regenfällen heruntergespült wird. Auf der Kuppe ist es besonders sonnig. Hier finden zum Beispiel Tomaten einen Platz. Auf der Schräge in Reihen parallel zur Länge wird angebaut: Kohlrabi,

Das Hochbeet erleichtert die Arbeit, da alle Verrichtungen ohne nennenswertes Bücken erledigt werden können. Als Grundlage dient Komposterde, die sich 6–8 Wochen setzen muß, bevor Pflanzerde aufgetragen wird.

Dieses kleine Hügel-Gemüsebeet wurde zur Wegseite hin angeschnitten und mit einer Kunststoffwand gestützt. Auf diese Art sparen Sie Platz und können das Beet in Wegnähe anlegen.

Karotten, Zwiebeln, Gurken, Radieschen und ganz unten Kohl.

2. Jahr: Wenn sich die Tomaten auf der Kuppe bewährt haben, können sie hier noch ein Jahr stehen. Anderenfalls setzt man Erbsen darauf. Nachdem diese abgeerntet sind, pflanzt man im Som-

Auf dem Grat des Hügelbeetes fühlen sich Tomaten besonders wohl. Hier erhalten sie genügend Sonne, gedeihen prächtig und liefern reiche Ernte.

mer an ihrer Stelle Erdbeeren. An den Seiten werden Zwiebeln, Lauch, Möhre, Rote Bete, Rettich und Buschbohnen gesetzt.

3. Jahr: Das dritte Jahr steht im Zeichen der Erdbeeren. Sie können aber auch noch Bohnen, Erbsen, Salate und Küchenkräuter pflanzen.

4. Jahr: Gute Erdbeerpflanzen stehen mindestens zwei Jahre. Sie sollten sie als Stauden im dritten Jahr stehen lassen. Der Hügel hat sich nun bereits gesetzt und die

Nährstoffe sind nicht mehr ganz so reichlich. Doch für Kartoffeln ist der Boden jetzt gut. Mit ihrer Ernte kann anschließend der Hügel eingeebnet und ein frisches Beet aufgebaut werden.

5. Jahr: Im fünften Jahr nimmt die Nährstoffzufuhr ab, die Wärmeentwicklung ist nur noch schwach, der Hügel sackt allmählich zusammen. Jetzt können Sie noch Mittel- bis Schwachzehrer wie Bohnen, Erbsen und Kräuter anbauen. Nach 5–6 Jahren ist das

Innere fast vollständig verrottet. Dann müssen Sie an einer anderen Stelle ein neues Beet errichten. Das alte wird glattgerecht und wie ein Flachbeet bestellt.

Ein Hochbeet ist im Grunde genommen nichts anderes, als ein von festen Wandungen umgebenes Hügelbeet. Für die Rahmenkonstruktion kann übrigens alles verwendet werden, was stabil und wetterfest ist. Am Schönsten sehen natürlich Rundhölzer aus. Wer will, kann die Wandungen aber auch hochmauern.

Zum Auffüllen schichtet man – wie beim Hügelbeet – zuunterst grobes, langsam verrottendes Material wie Gehölzschnitt oder Aststücke. Darauf folgt Erde und eine Lage Laub, die mit krautigen Gartenabfällen vermischt werden kann. Nun noch eine Schicht Stallmist oder Grobkompost, zum Schluß wird alles mit Gartenerde abgedeckt und vor der Bepflanzung 8 Wochen ruhen lassen. ■

Man nehme: Löwenmäulchen und
Kapuzinerkresse, blauen Kohlrabi und
roten Fuchsschwanz. Dazu noch etwas
Salat – fertig ist das bunte Gemüsebeet.

Obst und Gemüse einmal anders

Haben Sie schon einmal daran gedacht, daß man im Nutzgarten nicht nur auf die Verträglichkeiten zwischen den einzelnen Gemüsearten achten sollte, sondern vielleicht auch einmal ästhetische Gesichtspunkte berücksichtigen kann? Im kleinen Garten, wo jeder Fleck schön sein soll und der Nutzgarten mit dem Ziergarten dicht beisammen liegt, spielt dies tatsächlich eine Rolle. Zudem will man ja im Garten auch wohnen und sich wohl fühlen, und nicht etwa das Gefühl haben, mitten in einem Gemüsefeld zu stehen.

siehe auch Seite 53

Schwierig ist dieses Vorhaben eigentlich nicht. Zumal sich sogar in der Geschichte der Gartenkunst zahlreiche Beispiele hierfür finden lassen, so zum Beispiel der Küchengarten des französischen Renaissance-Schlosses Villandry. Krause Salate, farbige Kohlköpfe und die Blüten des Lauchs haben durchaus einen hohen Zierwert. Farben- und Formenreichtum von Gemüse inspirierten schließlich auch die Köche, warum sollten also nicht die Gärtner ebenso diese Schönheit für die Gestaltung nutzen? Überraschungen und Aha-Effekte können Sie durch ungewöhnliches Gemüse, wie rotstieligen Mangold, gelbe, birnenfrüchtige Tomaten, lila Paprika und Romanesco-Blumenkohl erzielen.

Zierkohl sorgt für Abwechslung im Gemüsebeet und ist genau betrachtet eigentlich viel zu schade zum Essen.

Ein Nutzgarten gewinnt sehr schnell an Attraktivität, wenn Sie die Beete mit Buchsbaum einfassen. Dieser immergrüne Strauch, den man zu einer kleinen Hecke

Kürbisse sind nicht nur dekorativ, sondern ergeben auch eine Bereicherung für die Küche.

trimmt, gibt dem Gemüsegarten einen dekorativen Rahmen.

siehe auch Seite 14

Gesellen Sie in die Mitte der Buchsbaumgirlanden noch ein Johannisbeerhochstämmchen und Ihr Gemüsegarten ist auf Anhieb eine der Attraktionen im Garten. ■

Spalierobst –
Apfel und Birne mit
flacher Krone

1 *Im Winter beginnt die Erziehung eines Spalierobstbaumes. Zunächst wird der Haupttrieb auf eine Länge von etwa 50 cm zurückgeschnitten.* **2** *Die Schnittstelle sollte zwei bis drei Finger breit über einem Draht liegen.* **3** *Drei kräftige Knospen müssen an der Spitze sitzen, damit*

sich die Leitäste bilden können. **4** *Am besten schneiden Sie mit einem scharfen Messer eine Kerbe über die untere Knospe in die Rinde. So wird das Wachstum angeregt.* **5** *Im Sommer werden die drei Leitäste, die nun heranwachsen, an Stäbe gedrahtet. Die seitlichen im*

Winkel von 45° am Draht befestigen. Durch Heben der Stäbe können Sie das Wachstum der Triebe beschleunigen, durch Senken entsprechend drosseln. So erreichen Sie einen gleichmäßigen Wuchs aller drei Triebe. **6** *Im darauffolgenden Winter werden die Stütz-*

Es ist eine alte Tradition, daß man Obstbäume als Spalier erzieht. Im kleinen Garten können Sie auf diese Art und Weise eine Raumteilung schaffen und gleichzeitig Obst ernten.

| siehe auch Seite 12/13

Zudem kommen bei dieser Methode, Bäume zu erziehen, die Früchte und ihre Schönheit besonders gut zur Geltung. Sie müssen allerdings einplanen, daß die Erziehung von Spalierobst recht langwierig und mühselig ist. Dafür haben Sie anschließend sehr formschöne Bäume in ihrem Garten. ■

stäbe waagerecht gelegt, so daß sie parallel zu einem Spanndraht stehen. Nun die seitlichen Triebe um die Hälfte der Länge einkürzen und den senkrechten Leittrieb bis auf etwa 45 cm abschneiden. Er sollte jetzt mit der Spitze den zweiten Spanndraht erreicht haben.

7 Im Sommer wird ein zweites Paar mit Seitentrieben herangezogen. Dieses liegt auf der Höhe des zweiten Spanndrahtes.

8 Die kleinen Seitentriebe am unteren Fächer werden etwa Ende Juli auf drei Blätter zurückgeschnitten.

9 Anschließend treiben nochmals Augen aus. Diese werden im September bis auf eine Knospe zurückgeschnitten. Im darauffolgenden Winter wird auch die obere Astetage waagerecht gestellt und der Leittrieb wird auf der nächsten Spanndrahtebene abgeschnitten.

»Topf-fähig«

Viele Gemüse- und Obst-
arten gedeihen ganz hervor-
ragend in Gefäßen. Sie brauchen also nicht zwangsläufig ein
eigenes Beet als Nutzgarten anzulegen, sondern können zum
Beispiel auch ein Eckchen auf
der Terrasse dafür nutzen.
Grundsätzlich sollten Sie keine
schwarzen oder dunklen Gefäße
verwenden. Im Sommer heizen
sich die Wände bei Sonne so stark
auf, daß es zu Verbrennungen an
den Wurzeln kommen kann.
Wichtig ist bei allen Gemüsearten,
daß sie ausreichend Nährstoffe erhalten, denn die Wurzeln können
sich diese ja nicht aus tieferen Bo-
denschichten holen. Außerdem
muß man genau darauf achten,
daß die Pflanzen nicht vertrock-
nen beziehungsweise zu trocken
gehalten werden. Trockenheit be-
hindert die Fruchtbildung und der
Geschmack leidet ebenfalls darunter. Bei Obstgehölzen ist ein
guter Winterschutz notwendig.

*»Obst in Scherben« nannte man zur Zeit Augusts des Starken
die Kultur von Obstbäumen in Töpfen. Die dekorativen Miniaturen
tragen natürlich geringe Mengen an Früchten, doch zum Naschen
reicht es auf jeden Fall.*

Der rotstielige Mangold ist eine der dekorativsten Gemüsearten. Setzen Sie eine Pflanze in einen Topf und Sie haben nicht nur immer frische Stiele für Gemüsegerichte, sondern auch einen Farbklecks. Im Blumenbeet paßt Mangold sehr gut zu Ringelblumen und Rittersporn.

In Taschentöpfen reifen Erdbeeren in Hülle und Fülle. Der Vorteil: Die Früchte liegen nicht auf dem nassen Erdreich, wo sie rasch von Grauschimmel befallen werden. Sie sollten aber beim Kauf darauf achten, daß Sie eine Art erhalten, die sich besonders gut für die Topfkultur eignet.

Gutes Substrat – ein Rezept

Obstgehölze im Topf brauchen gutes Substrat. Es sollte strukturstabil sein, aber auch gute Wasserhaltefähigkeit besitzen. Bims oder Lavagrus, etwas Lehm und reichlich Humus sollte man einer selbstgemischten Erde auf jeden Fall hinzufügen.

Tomaten gedeihen gut in großen Töpfen, die in die volle Sonne gestellt werden. Versorgen Sie die Pflanzen ausreichend mit Nährstoffen, damit sich die Mühe des täglichen Gießens lohnt. Kleine Partytomaten reifen sehr schnell.

Ein Hochstämmchen von roten Johannisbeeren kann man in einem Gefäß kultivieren. Zusätzlich können Sie den kleinen Baum dazu verwenden, einen Sitzplatz lauschig zu gestalten.

Vor allem die Wurzel sollte vor tiefen Temperaturen geschützt werden. Umwickeln des Ballens mit Jutesäcken ist beispielsweise hilfreich. Außerdem muß man Ende August aufhören zu düngen, damit das Holz ausreifen kann und tatsächlich frosthart ist. Ein weiterer Gesichtspunkt bei der Überwinterung: Stellen Sie die Pflanzen geschützt auf und schattieren Sie den Stamm etwas, sonst trocknet das Gewächs zu stark aus. Bei frostfreier Witterung sollten Sie auch die Ballenfeuchtigkeit kontrollieren und gegebenenfalls gießen. ■

Kräuterschönheiten für Blumenbeete

Für viele Menschen ist es viel wichtiger, frische Kräuter im Garten ernten zu können, als Gemüse. Die grünen, aromatischen Blätter müssen aber auch unbedingt frisch sein, damit sie feine Geschmacksnoten ans Essen bringen.

Doch ist es eigentlich gar nicht so schwer, für Kräuter ein Plätzchen im Garten zu finden, denn viele dieser Pflanzen zeigen sich im Grunde dekorativ. Also – öffnen Sie die Pforten zu Ihrem Blumenbeet für Petersilie, Kerbel & Co. Wichtig für die aromatischen Inhaltsstoffe ist allerdings ein sonniger Standort. Im Schatten können sich diese nicht ganz so gut entwickeln.

Beim Ernten sollten Sie möglichst von hinten Blätter zupfen, damit die Horste immer ansehnlich bleiben. Nehmen Sie auch nicht die Blütentriebe weg, denn sonst kann sich nicht die volle Pracht entwickeln. Bei den einjährigen

Der Salbei blüht im Sommer zur Zeit der Rosenblüte und gibt als Rosenkavalier ein gutes Bild ab. Zudem erzeugen die graublauen Blätter zusammen mit pastellfarbenen Blüten ein wunderschönes Gartenbild.

Die blauen Blüten des Borretsch und die orangefarbenen Ringelblumen bilden einen wunderschönen Farbkontrast.

Die kleinen Blüten des Thymian wirken sehr verspielt. Verwenden Sie die kleinen Halbsträucher doch als Einfassung eines Beetes, dann haben Sie nützliches und praktisches geschickt verbunden.

Die großen gelbgrünen Blütendolden des Dills duften nicht nur sehr gut, sondern passen auch gut zu allen blauen Blumen.

Kräuter sind auch in Töpfen leicht zu kultivieren. Arrangieren Sie die Pflanzen in Tontöpfen möglichst locker nebeneinander. So können Sie immer ein paar frische Blätter ernten. Meist reicht die Menge für einen Vier-Personen-Haushalt gut und gerne aus. Wer sich nicht immer bücken will, stellt die Töpfe auf eine Etagere aus Eisen.

Minze leicht zu bremsen

Pfefferminze breitet sich durch Ausläufer sehr rasch aus. Deshalb sollten Sie bei wenig Platz diese Pflanze lieber in einem großen Gefäß kultivieren. Oder: Nehmen Sie einen großen Plastikblu- mentopf (Durchmesser ca. 25 cm), schneiden Sie den Boden ab und versenken Sie diesen Ausläuferschutz im Beet. In die Mitte pflan- zen Sie die Pfefferminze hin- ein. So läßt sich dieses be- liebte Heilkraut in seinem Ausbreitungsdrang zügeln.

Kräutern sollten Sie sogar die Samenkapseln ausreifen lassen, so versamen sich Borretsch, Kerbel und Dill ganz von alleine und sorgen im darauffolgenden Jahr für kleine Überraschungen. Was zuviel ist, kann getrost vereinzelt werden.

Praktisch ist es, wenn die Kräuter dicht an der Terrasse oder der Tür in den Garten gepflanzt sind, damit man an regnerischen Tagen nicht erst den ganzen Garten durchqueren muß, um sich eine handvoll Sommeraroma für die Küche zu holen.

Letztendlich bleibt auch für den kleinen Garten die Möglichkeit, eine Kräuterspirale anzulegen. Diese bietet Raum für eine Vielzahl von Pflanzen mit unterschiedlichen Ansprüchen. Hinweise zur Anlage finden Sie in der Literatur (siehe auch Seite 92). ■

Literaturangaben und Adressen

Zum Weiterlesen

O. Bünemann und J. Becker
Die schönsten Rosen für
große und kleine Gärten
Gräfe & Unzer, München

A. und W. Erhardt
Pflanzen Einkaufsführer
Ulmer, Stuttgart

C. Grunert
Das Blumenzwiebel-Buch
Ulmer, Stuttgart

Heide Rau
Kräuter im Garten
Gräfe & Unzer, München

M. Scheu-Helgert
Kleine Gärten planen
und gestalten
Gräfe & Unzer, München

D. Waechter
Staudenbeete
ideenreich gestalten
Gräfe & Unzer, München

W. Brettschneider
Obstbäume in Töpfen
Ulmer, Stuttgart

N. Colborn
Zauberhafte Gärten
in Töpfen und Kübeln
Christian Verlag

Norbert Kleinz
Der naturnahe Garten
Naturbuch Verlag

Eleonore Hohenberger
Heilpflanzen, die
wirklich helfen
Naturbuch Verlag

A. Weber und K. Greiner
Kleine Gärten & Reihen-
hausgärten
Callwey Verlag

R. Kohle
Schöne Miniatur-
Wassergärten
Ulmer, Stuttgart

F. Köhlein
Kleine Pflanzen
für kleine Gärten
Ulmer, Stuttgart

E. Petrowsky
Seerosen für
den Gartenteich
Gräfe & Unzer, München

Gabriele Colditz
Nützlinge und Schädlinge
im Garten
Naturbuch Verlag

Niemeyer/Hoff
Das Gartenbuch
für Städter
Naturbuch Verlag

Wolfgang Kawollek
Handbuch der
Pflanzenvermehrung
Naturbuch Verlag

Gartenmöbel, Gartenschmuck

Country Garden
Auf-den-Beeten 12
72119 Ammerbuch-Reusten

Teak & Garden
Gut Schönau
21465 Reinbek-Ohe

Garpa
Kiehnwiese 55
21039 Escheburg

Die Gartengalerie Murnau
Seidlstraße 25
82418 Murnau

Hesperiden
Thomas Fleischmann GmbH
Kraftshofer Hauptstraße 156
90427 Nürnberg

House & Garden
Mittelweg 117 a
20149 Hamburg

Pflanzen- und Gartenbedarf- versand

Neudorff GmbH
Postfach 1209
31857 Emmerthal

Bakker
Postfach 1180
22926 Ahrensburg

Gärtner Pötschke
Postfach 2220
42561 Kaarst

Samen Schmitz
Humboldstraße 2
85609 Aschheim

Willemse
Bahnhofstraße 6–10
47559 Kranenburg

Dehner
Postfach 1180
86640 Rain am Lech

Eberhard Schuster
Post Gädeben
19065 Augustenhof

Gustav Schlüter
Versandgärtnerei
25335 Bokholt-Hanredder

Karl Wachter
Rollbarg
25482 Appen–Etz

Keller
Biogarten & Gesundheit
Konradstraße 17
79100 Freiburg

Österreich

Arjobas
Piesing 17
4682 Geboltskirchen

Schweiz

Samen Mauser
Zürichstraße 98
8600 Dübendorf

Baumschulen

Deutschland

Informationen über Baumschulen in den Bundesländern erhalten Sie über

BdB Bund
deutscher Baumschulen e.V.
Bismarckstraße 49
25421 Pinneberg

Österreich

Bundesfachsektion Baumschule
Draschestraße 13–19
1232 Wien-Inzersdorf

Schweiz

Verband Schweizerischer
Baumschulen
Zürcherstraße 17
5200 Windisch

Lieferanten von Nützlingen

B. Schäfer
»Flora«
Wunkower Weg
15518 Hangelsberg

Neudorff GmbH
An der Mühle 3
31860 Emmerthal

Bio Nova
Josefstr. 102–103
41462 Neuß

Sautter & Stepper GmbH
Rosenstr. 19
72119 Ammerbuch-Attingen

Hatto Welte
Mauershorn 10
78479 Reichenau

Institut für Gemüsebau der
FH Weihenstephan
85354 Freising

Österreich

OGLE
Österreichische Genossenschaft
des landwirtschaftlichen
Erwerbsgartenbaus,
Abt. Nützlingszuchten
Attemgasse 44
A-1220 Wien

Schweiz

Andermatt Biocontrol AG
CH-6146 Grossdietwil

Stoeckler Bio Agrar AG
Neuhofstr. 5
CH-8630 Rüti

Wassergarten-zubehör und Wasserpflanzen

Gartenbau Hendsch
Elsterstr. 111
07586 Bad Köstritz
Seerosen, Wasserpflanzen,
Stauden, Gräser

Karl Wachter
Rollbarg
25482 Appen-Etz
Fertigteiche, Folien, Pumpen,
Wasserpflanzen, heimische
Pflanzenarten, Stauden

Heinrich Diekmann GmbH
Zum Hämeler Wald 21
31275 Lehrte
Teichbauelemente aus Ton und
Lehm, Betonite, Natursteine,
Findlinge, Felsen, Pumpen,
Fontänen, Beleuchtung, Teichfilter

Stauden Junge
Seeangerweg 1
31787 Hameln
Wasserpflanzen für Rekultivierung,
bodenbedeckende Stauden

Neis Staudenkultur
Slooterstr. 100
45481 Mühlheim-Selbeck
Gräser, Stauden, Wasserpflanzen

Walter Radloff
Garten-Center
Schnieglinger Str. 54
90419 Nürnberg
Fertigteiche, Folien, Pumpen,
Wasserpflanzen, Gräser, Stauden

Ernst Epple
Im Schemming 1
71726 Benningen
Folien, Pumpen, Seerosen,
Sumpf- und Wasserpflanzen

Gärtnerei German
Am Rübsamenwühl 22
67346 Speyer
Fertigteiche, Folien, Pumpen,
Wasserpflanzen, Steingarten-
stauden, Ziergräser

Boden-untersuchungen

Untersuchungsanstalten in
Ihrer Nähe erfragen Sie bei:

Geschäftsstelle des Verbandes
staatlicher Bodenunter-
suchungsanstalten (VDLUFA)
Bismarckstr. 41 a
64293 Darmstadt

Register